MAGASIN THÉATRAL.

CHOIX DE PIÈCES NOUVELLES,

JOUÉES SUR TOUS LES THÉATRES DE PARIS.

THÉATRE DE L'AMBIGU-COMIQUE.

L'AUBERGE DE LA MADONE,

Drame en cinq actes.

PARIS.

MARCHANT, ÉDITEUR,

Boulevart Saint-Martin, 12

BRUXELLES.

TARRIDE, LIBRAIRE, PASSAGE DE LA COMÉDIE.

L'Homme du siècle, dr. h. 4 a. 40
La Visite domiciliaire, dr. 1 a. 30
Le Royaume des Femmes, f. 1 a. 30
Le Sauveur, com. 3 a. 40
Les Faussaires anglais, m. 3 a. 30
Le Magasin pittoresque, r. 30
Le Serf et le Boyard, mél. 3 a. 30
Le Château d'Urtuby, o.-c. 1 a. 30
L'Amitié d'une jeune fille, m. 40
Je serai Comédien, c. 1 a. 30
Le Fils de Ninon, dr. 3 a. 40
Le Prix de vertu, c.-v. 5 tabl. 30
Le Curé Mérino, dr. 5 a. 50
Le Mari d'une Muse, c.-v. 1 a. 30
Flore et Zéphire, f.-v. 1 a. 30
Le Domino rose, vaud. 2 a. 30
La Chambre de ma femme, c. 30
Les 4 Ages du Palais-Royal. 40
Juliette, dr. 3 a. 40
Une Dame de l'empire, c.-v. 1 a. 30
La Paysanne demoiselle, v. 4 a. 40
Un Soufflet, com.-vaud. 1 a. 30
Les Liaisons dangereuses, dr. 40
Le Doigt de Dieu, dr. 1 a. 30
La Fille du Cocher, vaud. 1 a. 30
Théophile, c.-v. 1 a. 30
L'Oraison de St-Julien, c.-v. 30
La Vénitienne, dr. 5 a. 50
L'honneur dans le crime, dr. 50
Un bal de domestiques, v. 30
Les Charmettes, com. 30
Pécherel l'empailleur, v. 30
L'Aiguillette bleue, v.-hist. 30
Les Mal-Contents de 1579, dr. 50
Une Chanson, dr.-v. 30
Le Dernier de la famille, c.-v. 30
L'Apprenti, vaud. 1 a. 30
Le Triolet bleu, c.-v. 40
Salvoisy, com. 2 a. 40
Une Aventure sous Charles IX. 40
Lestocq, op.-c. 4 a. 50
Turiaf-le-Pendu, v. 1 a. 30
Artiste et Artisan, c.-v. 30
L'Aspirant de Marine, op.-c. 30
Un Ménage d'ouvriers, c.-v. 30
L'Interprète, c.-v. 1 a. 30
Un Enfant, dr. 4 a. 40
Le Capitaine Roland, c.-v. 30
La Tour de Babel, rev. ép. 30
La Nappe et le Torchon, c.-v. 40
Les Duels, com.-v. 2 a. 40
Vingt ans plus tard, v. 30
L'Angélus, op.-com. 1 a. 30
Un Secret de Famille, dr. 40
Les Dres Scènes de la Fronde. 30
La Robe déchirée, c.-v. 30
Le Commis et la Grisette, v. 30
Lionel ou mon avenir. 40
Heureuse comme une princesse 40
La Cinquantaine, com.-v. 30
Prêtez-moi 5 francs, mél. 30
Un Caprice de femme, op.-c. 30
L'Impératrice et la Juive, dr. 50
Le Capitaine de vaisseau, v. 40
Les Sept péchés capitaux, v. 30
Le Juif errant, dr. fant. 50
2 femmes contre 1 homme. 30
Le Septuagénaire, dr. 4 a. 30
Gribouille, extravagance. 40
La Frontière de Savoie, v. 30
Les Deux Borgnes, fol.-v. 30
La Toque bleue, v. 1 a. 30
Charles III ou l'Inquisition. 40
Deux de moins, c.-v. 30
Jacquemin, roi de France, c.-v. 40
Les Immoralités, com. 1 a. 30
La Lectrice, vaud. 2 a. 40
Le Comte de St-Germain. 40
L'École des ivrognes. 30
Les Bons Maris, com.-v. 40
La Famille Moronval, dr. 5 a. 50
Morin, dr. 5 a. 50
La Tempête, fol.-v. 1 a. 30
Mon ami Grandet, vaud. 40
Le Juif errant, v. 5 a. 40
La Filature, v. 3 a. 40
Le Marchand forain, op.-c. 40
L'Idiote, com.-v. 30
Les Tours Notre-Dame, v. 30
Le Mari de la Favorite, c. 50

Lord Byron à Venise, com. 40
La vie de Napoléon, sc. épis. 30
La Vieille Fille, com.-v. 30
Latude, mél. hist. 5 a. 50
Georgette, vaud. 30
Le For l'Évêque, vaud. 40
Le Ramoneur, vaud. 30
La Sentinelle perdue. 30
Au rideau! vaud. 30
Un de plus, com.-v. 3 a. 40
L'Ambitieux, com. 5 a. 50
Le Procès du mar. Ney, 4 a. 30
Une Passion, v. 1 a. 30
Estelle, com.-v. 1 a. 30
Antony, d. 4 a. par A. Dumas. 50
Mari de la Veuve, A. Dumas. 30
Atar-Gull, mél. 4 a. 40
Gilette de Narbonne, v. 3 a. 40
Les Enfans d'Édouard, trag. 40
Mme d'Egmont, com. 3 a. 40
Catherine Howart, dr. 50
La Prima Dona, v. 1 a. 30
Être aimé ou mourir, c.-v. 30
Une Mère, dr. 2 a. 40
Charles VII, par Al. Dumas. 50
Mademoiselle Marguerite. 30
Étienne et Robert, v. 30
Bouffon du Prince, 2 a. 40
La Consigne, com.-v. 1 a. 30
Marino Faliero, tr. 5 a. par
C. Delavigne. 50
Napoléon, par Alex. Dumas. 50
Charlotte, dr. 3 a. 40
Les Enragés, tab. villageois. 30
Angèle, d. 5 a. par Al. Dumas. 50
L'homme du monde, dr. 5 a. 50
Les Roués, v. 3 a. 40
Théresa, d. 5 a. par A. Dumas. 50
Le Conseil de révision, v. 4 a. 40
La Chambre Ardente, d. 5 a. 50
Cotillon III, c.-v. 1 a. 30
Le Moine, dr. 4 a. 40
Reine, Cardinal et Page, v. 30
Jours gras sous Charles IX, 40
Père et Parrain, v. 2 a. 40
Jeanne Vaubernier, c. 3 a. 40
Les Deux divorces, c.-v. 1 a. 30
Indiana, dr. 5 parties. 50
Frétillon, vaud. 5 a. 50
La Femme qu'on n'aime plus. 30
1834 et 1835, rev. épis. 30
Le Tapissier, com. 3 a. 40
La Fille de l'Avare, v. 2 a. 40
L'Autorité dans l'embarras. 30
Dolly, dr. 3 a. 40
Les Chauffeurs, mél. 3 a. 40
Les Deux Nourrices, v. 1 a. 30
Les Pages de Bassompierre. 30
Au Clair de la lune, v. 3 a. 40
Farinelli, com.-hist. 3 a. 40
La Nonne sanglante, dr. 5 a. 50
Marmitons et Gds Seigneurs. 30
La Marquise, op.-com. 1 a. 40
Fich-Tong-Kang, v. 1 a. 40
Les Gants jaunes, v. 1 a. 30
Mon ami Polyte, v. 1 a. 30
Le Cheval de bronze, o.-c. 3 a. 40
Les Beignets à la Cour, c. 1 a. 30
Le Père Goriot, v. 2 a. 40
Fleurette, dr. 3 a. 40
Anacharsis, v. 1 a. 30
La Traite des Noirs, dr. 50
Manette, com.-v. 1 a. 30
Karl, dr. 4 a. 40
La Croix d'or, c.-v. 2 a. 40
Un Père, mél. 3 a. 40
Le Vendu, tabl. pop. 1 a. 30
Jeanne de Flandre, mél. 40
L'If de Croissey, c.-v. 40
Une Chaumière et son Cœur. 40
Cornaro, parodie d'Angelo. 30
Une Camarade de Pension, 3 a. 40
Cromwell, dr. 5 a. 50
Marais-Pontins, v. 2 a. 40
Mathilde, com. 3 a. 40
Ombre du Mari, v. 2 a. 40
Amours de Faublas, bal. 3 a. 30
Porte-Faix, op.-c. 3 a. 40
On ne passe pas, v. 1 a. 30
Ma Femme et mon Parapluie. 30

Micheline, op.-c. 1 a. 30
Le Violon de l'Opéra, 1 a. 30
La Prova d'un opéra seria. 1 a. 30
Alda, op.-c. 1 a. 30
Jacques II, dr. 4 a. 40
Mon Bonnet de nuit, v. 30
Fille mal élevée, c.-v. 2 a. 40
La Berline de l'Émigré, d. 5 a. 50
Un de ses Frères, v. 30
Les deux Reines, op.-c. 30
La Mère et la Fiancée. 30
Le Curé de Champaubert, v. 40
L'Habit ne fait pas le moine. 40
Marguerite de Quélus, d. 3 a. 40
Les Mineurs, mél. 3 a. 40
L'Agnès de Belleville, 3 a. 40
Plus de jeudi, v. 2 a. 40
Les Créoles, en 2 actes. 40
Pauvre Jacques, c.-v. 1 a. 30
Un Roi en vacances, v. 3 a. 40
Madelon Friquet, v. 2 a. 40
L'Aumônier du régiment, 1 a. 40
L'Octogénaire, c.-v. 1 a. 30
Chérubin, c.-v. 2 a. 40
Cosimo, opéra-bouffon, 2 a. 40
Testament de Piron, v. 1 a. 30
La Périchole, v. 1 a. 30
Un Mariage sous l'empire, v. 2a 40
La Pensionnaire mariée, c.-v. 40
Le Jugement de Salomon, 1 a. 30
Le Mariage raisonnable, 1 a. 30
La Tirelire, com.-v. 1 a. 40
Les Bédouins en voyage. 40
La Femme qui se venge, v. 30
La Tache de sang, dr. 3 a. 40
Toniotto, dr. 3 a. 40
La Savonette impériale, v. 40
André, vaud. 2 a. 40
En attendant, c.-v. 2 a. 40
La Femme du peuple, tabl. 30
Zazezizozu, féerie en 4 a. 40
La Fille de Cromwell, 40
Jean-Jean, parod. en 5 pièc. 50
La Sornette de nuit, c.-v. 1 a. 30
Une loi anglaise, c.-v. 2 a. 40
Le Mémoire d'un père, 1 a. 30
La Fiole de Cagliostro, v. 30
Paris dans la Comète, revue. 30
Infidélités de Lisette, v. 3 a. 40
Aurélie, drame en 4 a. 40
Valentine, dr.-vaud. 2 a. 40
Coquelicot, vaud. 3 a. 40
Plus de loterie, vaud. 1 a. 30
Pensionnat de Montereau. 30
Elle n'est plus, vaud. 1 a. 30
Actéon, par M. Scribe. 40
La Folle, dr. 3 a. 40
Le Gamin de Paris, c.-v. 2 a. 40
Le Transfuge, dr. 3 a. 40
Sous la Ligne, vaud. 1 a. 30
Madeleine, com.-v. 2 a. 40
M. et Madame Galochard. 40
Les Chansons de Désaugiers. 50
La Fille de la Favorite, 3 a. 40
Art de ne pas payer son terme. 30
Coliche, com.-vaud. 1 a. 30
Clémentine, com.-vaud. 1 a. 30
Gil-Blas, vaud. 3 a. 40
Jérusalem délivrée. 50
Le Prévôt de Paris, mél. 3 a. 40
Renaudin de Caen, c.-v. 2 a. 40
Chut! 2 actes, par Scribe. 40
Héloïse et Abeilard, dr. 5 a. 50
La Laide, dr. 3 a. 40
L'Enfant du Faubourg, v. 3 a. 40
L'Ingénieur, dr. 3 a. 40
Changée en nourrice, v. 2 a. 40
Les Chaperons blancs, op.-c. 40
La Marq. de Pretintaille, v. 1 a. 30
Sarah, op.-c. 2 a. 30
Sur le Pavé, v. 1 a. 30
Don Juan de Marana, myst. 50
Une St-Barthélemy, v. 1 a. 30
La Liste des notables, v. 2 a. 40
La Reine d'un jour, v. 2 a. 40
Le Démon de la Nuit, v. 2 a. 40
Un Procès criminel, c. 3 a. 50
Le Portrait du Diable, v. 1 a. 30
Mariana, com.-v. 3 a. 40
Le comte de Horn, dr. 3 a. 40

Un Bal du grand monde, v. 1 a. 30
L'Oiseau bleu, v. 3 a. 40
Le Barbier du roi d'Aragon, 3. 40
Balthazar, v. 1 a. 30
Amazampo, dr. 4 a. et 6 tab. 50
La D. de la Vaubalière, d. 5 a. 50
Le Luthier de Vienne, op.-c. 30
Les Misères d'un Timballier. 30
Le C. des Informations, v. 1 a. 30
Casanova, v. 3 a. 40
Georgine, com.-v. 1 a. 30
Mistress Siddons, c.-v. 2 a. 40
Tout ou Rien, dr. 3 a. 40
Lestocq, v. 1 a. 30
Madame Péterhoff, v. 1 a. 30
D'Aubigné, v. 2 a. 40
Christiern, mél. 3 a. 40
Kean, dr. 5 a. par A. Dumas. 50
Le Diadesté, op.-c. 2 a. 40
Arriver à propos, v. 1 a. 30
Le Frère de Piron, v. 1 a. 30
Le Roi malgré lui, v. 2 a. 40
Le Puits de Champvert, d. 3 a. 30
Le Diable amoureux, v. 1 a. 30
Le Passé, v. 1 a. 30
Nabuchodonosor, dr. 4 a. 40
Sir Hugues, par Scribe. dr. 40
Marie, par Mme Ancelot. 40
Pierre le Rouge, c.-v. 3 a. 40
L'Homéopathie, c.-v. 1 a. 30
Théodore, vaud. 1 a. 30
L'Épée de mon Père, v. 1 a. 30
La Femme de l'Épicier, v. 1 a. 30
Dolorès, mélodrame 3 actes. 40
Un Cœur de mère, c.-v. 2 a. 40
Jaffier, dr. 5 a. 50
Les Pontons de Cadix, 1 a. 30
Les deux Coupables, v. 1 a. 30
Marion Carmélite, v. 1 a. 30
Le Muet d'Ingouville, c.-v. 2 a. 40
El Gitano, mél. 5 a. 50
Léon, drame en cinq actes. 50
Fils d'un agent de change, 1 a. 30
Le comte de Charolais, 3 a. 40
Le Mari de la Dame de chœurs. 40
Valérie mariée, dr. 3 a. 40
Roquelaure, vaud. 4 a. 50
Madame Favart, com. 3 a. 40
L'Ambassadrice, op.-c. 3 a. 40
L'Année sur la Sellette, r. 1 a. 30
Le Secret de mon Oncle, v. 1 a. 30
La Nouvelle Héloïse, dr. 3 a. 40
Gaspardo, par M. Bouchardy. 50
Le Postillon de Lonjumeau. 40
La Chevalière d'Éon, v. 3 a. 40
Austerlitz, évén. hist. 3 a. 40
Le Muet de St-Malo, v. 1 a. 30
Stradella, com. 1 a. 30
La Laitière et les 2 Chasseurs. 30
Riche et Pauvre, dr. 5 a. 50
La Champmeslé, c.-anec. 2 a. 40
Huit ans de plus, mél. 3 a. 40
Père et Fils, vaud. 1 a. 30
Les Sept Infans de Lara, d. 5 a. 50
Michel, com.-vaud. 2 a. 40
Paraviédès, dr. 3 a. 40
Le Portefeuille ou 2 Familles. 50
Riquiqui, com.-vaud. 3 a. 40
Un Grand Orateur, c.-v. 1 a. 30
Trop Heureuse, c.-v. 1 a. 30
La Vieillesse d'un grand Roi. 40
L'Étudiant et la Grande Dame. 40
La Comtesse du Tonneau, v. 2 a. 40
Le Paysan des Alpes, dr. 5 a. 50
Polly, com.-vaud. 3 a. 40
Le Bouquet de bal, c. 1 a. 30
La Vendéenne, c.-v. 2 a. 40
L'honneur de ma mère, d. 3 a. 50
Eulalie Granger, dr. 5 a. 50
Schubry, c.-v. 1 a. 30
Julie, com. 5 a. 50
L'Ange gardien, dr.-v. 3 a. 40
Miel et Vinaigre, c.-v. 1 a. 30
Paul et Pauline, c.-v. 2 a. 40
Femme et Maîtresse, c.-v. 1 a. 30
Jeanne de Naples, dr. 5 a. 50
Le Gars, dr. 5 a. 50
Un Chef-d'Œuvre inconnu. 40
Vouloir c'est pouvoir, c.-v. 2 a. 40
Mina, com.-vaud. 2 a. 40

ACTE III, SCÈNE VIII.

L'AUBERGE DE LA MADONE,

DRAME EN CINQ ACTES,

Par MM. Hippolyte Hostein et Tavenet,

REPRÉSENTÉ, POUR LA PREMIÈRE FOIS, A PARIS, SUR LE THÉATRE DE L'AMBIGU-COMIQUE, LE 18 OCTOBRE 1842.

PERSONNAGES.	ACTEURS.	PERSONNAGES.	ACTEURS.
PIÉTRO, comte de Montalte.....	M. CHILLY	NUGUEZ.....................	M. BERTHOLLET.
LÉONTIO.....................	M. ALBERT.	La marquise DE CASARÈALE...	Mme V. MARTIN.
Le marquis DE CASARÈALE...	M. ANATOLE-GRAS.	TÉRÈSITA..................	Mme A. PASTELOT.
Le comte GIAFFERRI..........	M. D.-VIALLET.	PAULA......................	Mme RACINE.
ALPHONSE DE CASTELLARE.	M. STAINVILLE.	CATARINA..................	Mlle CLARA.
GHISONI.....................	M. ALFRED LAUNAY.	OFFICIERS, SOLDATS, PEUPLE.	
GÉRONIMO....................	M. ALEXANDRE.		

La scène se passe à Gênes dans le seizième siècle.

ACTE PREMIER.

Le théâtre est divisé en deux parties; l'une, à la gauche du spectateur, représente l'intérieur d'une hôtellerie; l'autre, un parc, sur le côté duquel existe un pavillon. Du côté de l'hôtellerie, au lever du rideau, Léontio, Géronimo et Catarina, sont assis autour d'une table, et paraissent achever de manger. Dans le mur de séparation qui existe entre l'auberge et le parc, on aperçoit une fenêtre garnie de barreaux, dont l'un est mobile. La fenêtre est praticable.

SCÈNE PREMIÈRE.

GÉRONIMO, LÉONTIO *dans l'auberge*, CATARINA.

GÉRONIMO.

Ainsi donc, mon brave gentilhomme, vous êtes déterminé à partir demain?...

CATARINA.

Et à quitter notre hôtellerie!

LÉONTIO.

Hélas! oui, mon bon Géronimo, et vous aussi, excellente Catarina, oui, demain à la pointe du jour, je vous quitterai; encore cette nuit sous votre toit hospitalier, et je dirai adieu pour toujours à cette belle ville de Gênes où j'ai passé quelques mois d'une existence si tranquille et si pleine d'espérances, par malheur trop rapidement et surtout trop cruellement déçues.

CATARINA, *à son mari.*

omme il paraît affligé! pauvre jeune homme!

GÉRONIMO.

Allons, allons, mon gentilhomme, du courage! et si les consolations de braves gens qui vous aiment peuvent servir à adoucir vos chagrins, racontez-nous-les sans crainte.

CATARINA.

Oh! moi d'abord, je me sens disposée à y compatir de tout mon cœur.

LÉONTIO.

Oui, vous êtes bons, vous; depuis le jour où je suis venu habiter votre maison, vous m'avez plus d'une fois donné des preuves d'intérêt, de dévouement même; mais vos consolations ne sauraient m'être d'aucun secours. Que vous dirai-je de ma triste existence, hélas! d'aujourd'hui? je n'ai plus de famille, plus de parents, plus de mère, enfin!

CATARINA *et* GÉRONIMO, *se levant.*

Plus de mère!

LÉONTIO.

Séparé d'elle depuis de longues années, j'étais venu ici attendre le moment où il lui serait permis de me reconnaître publiquement pour son fils; car ma mère m'avait conçu dans le malheur, dans les larmes, et sa famille, qui demeure à quelques lieues d'ici, ne lui pardonnait pas ma naissance.

GÉRONIMO

Ah! je comprends!... Eh! mais alors, seigneur Léontio, cette femme voilée qui venait si souvent ici vous voir, vous consoler, c'était...

LÉONTIO.

C'était elle, Géronimo... c'était ma mère!... Oui, elle me consolait... elle m'embrassait... elle me parlait du jour où elle espérait me voir enfin accueilli par sa famille et me faire connaître mon père, que je n'ai jamais vu; jour prochain, disait-elle, jour de réconciliation et de bonheur. Hélas! de quoi dépendent les choses de ce monde, mon Dieu! La dernière fois que je vis ma mère, elle me tenait encore ce langage; mais ses riants projets ne devaient pas se réaliser, sa famille avait appris le secret de ma présence sur le territoire génois... Une explication terrible eut lieu; on arracha à ma mère le serment de ne plus me voir, serment trop fidèlement rempli, car pendant que je me désolais ici de ne plus voir ma pauvre mère, elle succombait elle-même, loin de moi, à la douleur et au chagrin que lui causait notre séparation. Enfin, hier, ne pouvant plus vivre sans avoir de ses nouvelles, je me dirige vers la demeure de sa famille... j'arrive, de noires tentures disposées partout me révèlent un affreux malheur... j'avance, mes genoux chancèlent, un pressentiment horrible me serre le cœur... j'interroge... Oh! comment suis-je encore vivant, moi!... ma mère, ma pauvre mère, elle n'était plus!

CATARINA *et* GÉRONIMO

Morte, grand Dieu!

LÉONTIO.

Morte sans m'avoir révélé le nom de mon père: mais du moins elle n'a pas vu son pauvre fils chassé par une famille impitoyable, qui est restée sourde à toutes mes questions, et qui n'a eu pitié ni de mes larmes ni de mes prières... Vous voyez bien que je ne saurais demeurer ici davantage.

GÉRONIMO.

Non, non... Vous avez raison, mon gentilhomme, cela vous rappellerait de trop douloureux souvenirs; maintenant je n'entreprendrai plus de vous garder... Oui, oui, il faut que vous partiez, d'autant que l'on a su dans les environs de quel pays vous êtes.

LÉONTIO.

Je suis Corse, je ne m'en cache pas; que m'importe à présent ce qui peut m'arriver!

CATARINA.

Que vous importe? à vous, c'est possible! mais à nous, c'est différent.

GÉRONIMO.

Bien parlé, ma femme; car je me sens pour notre hôte un intérêt véritable, tout Génois que je suis, entendez-vous!... Comme les Génois et les Corses ne vivent pas en bonne intelligence, et qu'en ce moment la populace de Gênes murmure sourdement par suite de la tolérance qu'elle prétend qu'on accorde à vos compatriotes, je crois qu'il est prudent de vous éloigner... J'ai d'ailleurs les moyens d'assurer votre départ sans le moindre danger.

LÉONTIO, *se levant.*

Craindre des dangers, moi! en ce moment surtout, mon Dieu! mais quand je viens de perdre ma mère, comment voulez-vous qu'il y ait place dans mon cœur pour d'autres sentiments que ceux de la désolation et de la douleur?

GÉRONIMO.

C'est bon, c'est bon; alors, c'est moi qui veillerai. Mais quel est ce bruit dans la cour? Femme, va voir.

CATARINA, *au fond.*

C'est un gentilhomme à cheval, je le reconnais, monseigneur le comte Giafferri, lieutenant criminel du gouvernement génois.

GÉRONIMO.

Le comte Giafferri! c'est un homme dur et sévère; il vient peut-être pour s'assurer de la qualité de mes hôtes... Vite, vite, mon gentilhomme, levez-vous, et suivez ma femme; elle vous fera sortir par cette chambre qui donne au-dehors par une issue dont Catarina a la clef.

LÉONTIO.

Non, laissez-moi, laissez-moi, vous dis-je!

GÉRONIMO.

Allons... mais le comte va peut-être venir!

CATARINA.

Justement, je l'entends, c'est lui!... Au nom de votre mère, venez! venez!...

LÉONTIO.

Ma mère!... Oh! il faut vivre pour aller lui dire un dernier adieu au pied de sa tombe.

CATARINA.

Allons, allons...

LÉONTIO.

Je vous suis, Catarina.

GÉRONIMO, *le poussant.*

Le comte! il était temps!...

SCÈNE II.

GÉRONIMO, LE COMTE GIAFFERRI.

GÉRONIMO, *s'inclinant.*

Monseigneur!

LE COMTE.

Ah! c'est toi, Géronimo! tes gens m'ont dit que tu étais dans cette chambre, et j'ai voulu moi-même venir t'y trouver.

GÉRONIMO.

Vous êtes bien bon, monseigneur.

LE COMTE.

Dis-moi, tu ne loges aucun étranger suspect?

GÉRONIMO.

Moi, monsieur le comte? toute la police génoise connaît mes scrupules comme hôtelier. D'ailleurs, si votre seigneurie daigne venir jeter les yeux sur les papiers de mes hôtes, elle verra...

LE COMTE.

Tout à l'heure.

GÉRONIMO, *à part.*

Diable, diable! pourvu qu'il n'entre pas...

Il désigne le cabinet où il a poussé Léontio.

LE COMTE.

Géronimo...

GÉRONIMO.

Monseigneur!

LE COMTE, *désignant la chambre du fond.*

Cette chambre est-elle vacante?

GÉRONIMO.

Oui, monseigneur, elle est vacante.

LE COMTE, *désignant la fenêtre grillée.*

Bien. Et où donne cette fenêtre?

GÉRONIMO.

Cette fenêtre donne sur la partie la plus reculée du parc de monseigneur le marquis de Casaréale.

LE COMTE.

Du marquis! (*A part.*) J'étais bien instruit. (*Haut.*) Fort bien!

GÉRONIMO.

Ce bon seigneur! c'est à lui que je suis redevable du peu que je possède. Il y a deux mois, quand j'ai quitté son service pour épouser ma bonne Catarina, il m'a donné cette petite habitation située à l'extrémité de son parc; j'en ai fait une hôtellerie que j'ai appelée *l'Auberge de la Madone*.., du nom de la vierge de marbre que l'on aperçoit d'ici. Ah! dam! je ne suis pas encore bien installé!... Cette fenêtre, par exemple, devrait déjà être murée; mais dans ce temps de troubles, les ouvriers sont rares, la main-d'œuvre est chère, et...

LE COMTE.

C'est bon. Va préparer ces papiers, je te rejoindrai bientôt.

GÉRONIMO.

Je cours, monseigneur. (*A part.*) Heureusement que ceux de mon jeune homme sont à peu près en règle!

LE COMTE.

Un mot encore. J'ai laissé dans la cour de l'auberge un homme couvert d'un manteau brun, plume rouge au chapeau, tu le reconnaîtras facilement; envoie-le-moi ici!

GÉRONIMO.

Oui, monseigneur.

Il sort.

SCÈNE III.

LE COMTE, *seul.*

C'était bien cela, l'auberge de la Madone, dans le faubourg le plus isolé de Gênes, la chambre verte avec sa fenêtre donnant sur les jardins de mon parent et ami, le marquis de Casaréale. En effet, voici bien la grande allée qui mène au palais; ce pavillon qui s'élève là en face, c'est bien celui qu'habite Térésita, la fille du marquis, héritière maudite qui me prive par avance, moi, comte Giafferri, de l'immense fortune que j'étais appelé à partager avec le marquis de Casaréale dans le cas où il n'aurait pas eu de rejeton; mais du moins, si cet enfant venait à mourir, j'aurais le droit de revendiquer ma part de la riche succession que sa naissance m'a ravie, et elle peut... il faut qu'elle meure, cette jeune fille!... J'ai cru entendre... C'est Piétro.

SCÈNE IV.

GIAFFERRI, PIETRO.

PIÉTRO.

Me voici!

GIAFFERRI, *après s'être assuré que personne ne l'écoute.*

Veuillez vous asseoir, monsieur le comte!

PIÉTRO.

Ce titre ici! prenez garde!

GIAFFERRI.

Oh! nous sommes seuls, nul ne peut nous entendre, et gentilhomme comme vous, je veux vous donner, dans une entrevue intime, un titre que la proscription du gouvernement génois qui pèse sur vous, vous force à entourer du plus profond secret.

PIÉTRO.

Non, ne m'appelez plus ni gentilhomme ni comte; que m'importent désormais mes titres et ma noblesse! je ne suis plus, je ne veux plus être pour tous que Piétro, Piétro le Montagnard..... Mais pardon, je suis venu pour vous entretenir d'un projet que vous avez conçu, et dans lequel j'ai juré de vous seconder. Je vois entre vos mains les notes que vous m'avez demandées; veuillez me dire si vous les trouvez telles que vous pouviez les désirer.

GIAFFERRI, *parcourant des papiers.*

Oui... il faut convenir que vous avez bien pris vos renseignements.... En si peu de temps, c'est admirable... On voit que vous avez les qualités d'un chef de parti..... Tout cela est d'une exactitude..... et même, si je ne trompe.... pour parvenir plus sûrement dans ce parc, il y a à cette fenêtre...

PIÉTRO, *achevant.*

Un barreau, que Piétro a scié à l'insu du maître de l'auberge, et d'après vos ordres... (*Il a défait le barreau.*) Voyez, par là le passage est facile; voici le parc, et là le pavillon.

LE COMTE, *revenant après l'avoir suivi dans le parc.*

Oui, c'est cela, c'est parfaitement cela... Maintenant, écoutez; le jour s'avance; aussitôt que la nuit sera venue, vous vous introduirez par-dessus les murs du parc dans les jardins du marquis de Casaréale; j'y serai, et je vous indiquerai ce que vous aurez à faire.

PIÉTRO.

Si cela est possible, je désire le savoir à l'instant.

LE COMTE.

Eh bien, il faudra mettre le feu à ce pavillon.

PIÉTRO, *à part.*

Un incendie! mais cela peut servir mes projets... (*Haut.*) Continuez...

LE COMTE.

En cas de surprise, cette fenêtre est destinée à vous ménager une retraite assurée.

PIÉTRO.

Bien!

GIAFFERRI.

Ainsi, je puis compter sur vous?

PIÉTRO.

Oubliez-vous donc que j'ai juré de vous seconder?

GIAFFERRI.

Pardonnez, mais je pouvais craindre que Piétro ne fût pas un garant suffisant de la parole que m'a donnée monseigneur le comte de Montalte, chef de l'insurrection corse contre le gouvernement génois.

PIÉTRO.

Eh bien, si je suis le comte de Montalte, le chef proscrit de l'insurrection corse, que craignez-vous? Mon salut, la vengeance que je poursuis, et par-dessus tout, la recherche de cet enfant pour lequel seul j'ai pu consentir à disputer ma vie aux bourreaux du gouvernement génois, tout enfin ne vous répond-il pas de ma fidélité à remplir mon serment?

GIAFFERRI.

Je n'en doutais point... seulement, le rôle que j'ai joué pour vous rendre à la liberté peut quelque jour compromettre la mienne, et même davantage encore.... alors il n'est pas étonnant que j'aie voulu...

PIÉTRO.

M'enchaîner à vous par un crime... Soyez sans crainte, Giafferri..... ce soir même nous serons complices, et pourtant j'ai horreur du sang; mais le coup dont ils m'ont frappé, moi, n'est-il pas plus cruel cent fois que tous ceux que je pourrai leur rendre? Qu'ils aient proscrit ma tête parce que j'étais leur ennemi, cela était juste, c'étaient des représailles de l'ennemi contre l'ennemi; mais qu'à la faveur d'une amnistie dont je n'étais pas exclu, ils m'aient attiré jusque sur le territoire génois, où ils n'ignoraient pas que m'appelait mon amour pour la fille de l'une de leurs plus nobles maisons... qu'ils m'aient laissé pénétrer tranquillement jusqu'au milieu de Gênes, jusque dans la demeure de ma Régina, c'est le nom de la femme que j'aimais; que là, au moment où j'allais obtenir de la famille de Régina le pardon de notre amour; au moment où, pour la première fois, j'allais reconnaître et embrasser un enfant dont Régina jusqu'alors avait tenu la naissance secrète à tous, même à moi; que ce soit cet instant précis que mes ennemis, et à leur tête le marquis de Casaréale, aient choisi pour m'arracher à mes espérances de bonheur, à l'enfant que j'attendais, enfin à ma fiancée éperdue; ah! voilà de ces injures mortelles, de ces outrages déchirants qu'on ne peut venger, même en versant jusqu'à la dernière goutte du sang de ses ennemis.

GIAFFERRI.

Oh! votre vengeance est légitime, comte de Montalte, et le marquis de Casaréale mérite à son tour de terribles représailles.

PIÉTRO.

Elles ne se feront pas attendre. Et pourtant, que lui avais-je fait à cet homme, pour qu'il s'acharnât, lui, Corse comme moi, à obtenir contre ma personne, dans le sénat génois, un arrêt de mort, en me représentant comme le seul auteur du soulèvement de nos compatriotes?.... Jamais nous ne nous sommes vus, et je ne me serais même point souvenu de son nom, sans une trahison qui m'a rappelé qu'il existait entre les Montalte et les Casaréale de ces haines héréditaires dont il s'est trop bien souvenu, lui.

GIAFFERRI.

Mais enfin, vous voici rendu à la liberté, et vous pourrez non seulement braver le marquis de Casaréale, mais encore lui rendre haine pour haine.

PIÉTRO.

Oui, grâce à vous, comte Giafferri, grâce à vous qui êtes descendu dans la prison, où, il y a deux jours encore, j'attendais l'heure du supplice; grâce à vous qui, usant de votre pouvoir de magistrat pour vous trouver seul avec moi, m'avez dit : Comte de Montalte, veux-tu devenir libre?

GIAFFERRI.

A cette offre, qui vous parut un rêve, ou plutôt une amère raillerie, vous alliez répondre par un outrage peut-être, lorsque je continuai, en disant: La douleur de vous avoir perdu a conduit votre fiancée au tombeau : Régina est morte ; votre enfant, on ne sait ce qu'il est devenu, et vous-même, vous allez périr sans l'avoir jamais embrassé...

PIÉTRO.

A cette nouvelle, du fond de ma poitrine je poussai un soupir de douleur, et pour la première fois je sentis que je regretterais la vie : ce fut alors que tu m'offris la liberté, à la seule condition de te venger de Casaréale, ton ennemi et le mien; juge avec quelle joie je m'empressai d'accepter!.... La liberté, c'était le bonheur de m'agenouiller sur le marbre funèbre de Régina; c'était l'espoir de retrouver et d'embrasser mon enfant; la liberté enfin, c'était tout, c'était plus que la vie... c'était la vengeance!

GIAFFERRI.

Bien! je suis sûr du succès de mes desseins; je ne pouvais songer à un complice vulgaire; il me fallait un homme tel que vous.

PIÉTRO.

Un homme qui sût périr, n'est-ce pas, sans trahir sa cause et sans nommer personne?

GIAFFERRI.

Oui, et vous êtes un de ces hommes-là. Si j'en avais jugé autrement, vous ne seriez pas ici, couvert de ma protection, mais sur l'échafaud peut-être. Et maintenant, séparons-nous... Une plus longue entrevue pourrait éveiller des soupçons... A ce soir, dans le parc du marquis de Casaréale.

PIÉTRO.

J'y serai!

GIAFFERRI.

Adieu, comte de Montalte.

PIÉTRO.

Piétro, vous dis-je! Piétro toujours, jusqu'à ce que j'aie proclamé l'indépendance de la Corse, debout sur les rochers de ma patrie, le mousquet d'une main, et mon fils à mes côtés.... A ce soir, comte, à ce soir...

Il sort. En cet instant, on voit un homme s'introduire mystérieusement dans le parc.

SCÈNE V.

LE COMTE, *seul, regardant par la fenêtre.*

Que vois-je! un homme pénètre dans le parc! Ciel! Alphonse de Castellare!..... Alphonse, que l'opinion publique désignait comme l'amant de la marquise! Mais cet homme, cet Alphonse de Castellare, que je hais depuis si longtemps, je le croyais parti, parti pour toujours, et il est ici, auprès d'elle... Oh! mais je le jure, il ne sera pas un obstacle à mes projets, rien ne pourra en arrêter l'exécution.

Il sort.

SCÈNE VI.

LA MARQUISE, ALPHONSE, *dans le parc.*

LA MARQUISE, *sans voir Alphonse, qui se tient à l'écart, sort du pavillon donnant des ordres à un serviteur.*

Allez, et pendant votre absence je veillerai sur ma fille. Que le bruit des combats qui ensanglante nos rues n'arrive pas jusqu'à elle.

Le Domestique s'éloigne.

ALPHONSE, *à part, s'avançant.*

C'est elle!... je tremble!...

LA MARQUISE, *apercevant Alphonse.*

Ciel! un homme ici!...

ALPHONSE.

Béatrix!

LA MARQUISE.

Alphonse!

ALPHONSE.

Oh! rassurez-vous! rassurez-vous!

LA MARQUISE.

Vous! grand Dieu! comment n'avez-vous pas craint de vous introduire dans le palais de mon époux, du marquis de Casaréale?

ALPHONSE.

Votre époux, lui! pourquoi me rappeler cette union fatale?

LA MARQUISE.

Alphonse, j'ai subi mon sort sans accuser la Providence, et l'accomplissement de mes devoirs en a depuis longtemps adouci la rigueur.

ALPHONSE.

Dieu m'est témoin, Béatrix, que je n'ai pas pénétré jusqu'ici avec la coupable pensée de réveiller dans votre cœur des sentiments que vous avez condamnés, en devenant l'épouse du marquis de Casaréale... Un devoir sacré m'a conduit à Gênes... mon frère, gouverneur de la ville et président du sénat, a une nombreuse famille, vous le savez ; mon départ précipité, il y a quelques années, avait empêché le partage de nos biens... je suis revenu secrètement pour en faire l'abandon aux enfants de mon frère, car moi.., bientôt je n'aurai plus besoin de rien.

LA MARQUISE, *à part.*

Pauvre Alphonse!

ALPHONSE.

Pardonnez-moi, Béatrix, de n'avoir pas eu la force de quitter Gênes avant même que vous ayez pu apprendre mon retour passager. Je ne sais quelle puissance plus impérieuse que ma raison m'a poussé vers ce parc, et ensuite m'en a fait franchir les murs. Caché dans l'ombre de ces bosquets, je ne voulais que respirer un moment l'air que vous respirez... Bientôt, honteux de tant de faiblesse, j'allais m'éloigner, lorsque vous m'êtes apparue... Maintenant, répondez, aurez-vous le courage de me blâmer si en vous apercevant de loin, j'ai eu l'audace de venir vous adresser un dernier adieu?

LA MARQUISE.

Alphonse, je vous pardonne... mais éloignez-vous... n'évoquez pas entre nous un souvenir que je dois oublier à jamais. Songez que je dois rester pure, même devant le crime qui m'a rendue l'épouse du marquis de Casaréale.

ALPHONSE.

Oh! oui, Béatrix, ce fut un grand crime...

LA MARQUISE.

Mais je dois respecter la mémoire de mon père, car lui seul a fait violence à la volonté de sa fille.

ALPHONSE.

Il ne fut pas le seul coupable; le marquis abusa plus lâchement encore de votre position. Souvenez-vous de toutes les circonstances de l'événement fatal qui vous arracha à ma tendresse. Votre père connaissait notre amour... mes vœux étaient agréés de toute votre famille... Déjà le jour de notre union prochaine était fixé... Tout à coup, une tempête engloutit les navires auxquels votre père avait confié toute sa fortune. A cette affreuse nouvelle, les préparatifs de notre mariage sont suspendus... Hélas! pourquoi n'avais-je pas déjà ces biens dont je devais trop tard devenir le maître... Votre père, éperdu, ne voyait plus dans l'avenir que misère et désolation. Alors, un homme se présente pour solliciter votre main; il offre en échange de Béatrix une fortune à la place de celle que les flots ont dévorée... votre père fut ébloui... l'or du noble marquis de Casaréale l'emporta sur l'amour du pauvre Alphonse de Castellare!...

LA MARQUISE.

Mon père ordonna, je dus obéir.

ALPHONSE.

Béatrix, vous auriez dû repousser une union qui devenait un crime.

LA MARQUISE.

J'avouai tout à mon père; il ne crut pas à mes aveux... il aima mieux les taxer de mensonge que de penser que sa fille avait pu être coupable, et ce fut presque évanouie, qu'arrachée de ma chambre, portée plutôt que conduite à l'autel, je fus unie au marquis de Casaréale.

ALPHONSE.

Ah! malheur! Et moi, que devins-je, lorsque j'appris la nouvelle de ce mariage? Dans mon délire, je voulais mourir ou frapper mon rival; mais une longue maladie empêcha ces projets insensés. Lorsque je revins à la santé, à la raison, vous étiez partie pour un long voyage; ce fut alors que, ne pouvant vivre désormais dans la ville que vous deviez habiter à votre retour, je pris le parti de fuir, de m'exiler, et je n'aurais sans doute jamais eu le bonheur de vous revoir, sans le motif sacré dont je vous ai parlé... Maintenant, je m'éloigne pour la seconde fois, pour la dernière, peut-être... mais avant de nous séparer pour toujours, ne m'accorderez-vous pas une faveur que je vous demande avec prière?... Laissez-moi embrasser votre enfant!

LA MARQUISE.

Que dites-vous?... non, jamais! jamais!... Mon Dieu, il me semble entendre... oui, on vient... Oh! de grâce! fuyez! fuyez!...

ALPHONSE.

Ainsi, vous me refusez cette dernière consolation?...

LA MARQUISE.

Il le faut... je le dois; mais au nom du ciel, éloignez-vous.

ALPHONSE.

Adieu donc, Béatrix... adieu pour toujours...

LA MARQUISE.

Pour toujours!

Elle remonte au fond.

ALPHONSE, *à lui-même.*

Pour toujours... ce soir je relirai sa dernière lettre... et demain... oh! demain... mon Dieu, prends pitié de moi!

LA MARQUISE.

On vient!... fuyez! fuyez!

Il sort.

SCÈNE VII.

LA MARQUISE, LE MARQUIS.

LA MARQUISE, *à part.*

Seigneur, soutenez mon courage... Le Marquis!

LE MARQUIS.

Il me tardait de vous rencontrer, madame; votre absence me donnait de l'inquiétude.

LA MARQUISE.

N'auriez-vous pas dû, monseigneur, supposer que j'étais ici, auprès de ma fille? je la quitte à l'instant même.

LE MARQUIS, *froidement.*

Je viens d'apprendre par un domestique fidèle et dévoué qu'un homme a erré pendant longtemps autour des murs du parc.

LA MARQUISE.

Un homme!

LE MARQUIS.

Oui... Giovanni prétend que cet inconnu a de la ressemblance avec le frère d'un de nos plus hauts seigneurs.

LA MARQUISE, *à part.*

Ciel!

LE MARQUIS.

Ce valet s'est trompé, sans doute; venez, madame; rentrez avec moi au palais, où quelques seigneurs de Gênes attendent l'honneur de vous présenter leurs hommages.

LA MARQUISE.

Je suis prête à vous suivre, monseigneur; mais dites-moi, ma fille n'a-t-elle rien à redouter dans ce pavillon éloigné?

LE MARQUIS.

Absolument rien... Mais dans quel but avez-vous éloigné le serviteur chargé de veiller sur elle,

LA MARQUISE.

Il va revenir à l'instant... je l'avais renvoyé pour qu'il allât dans les rues savoir si, comme on le dit, le peuple génois ne se soulève pas contre les Corses; car alors nous aurions tout à redouter pour Térésita.

LE MARQUIS.

Oui, et ce sont même vos craintes maternelles qui m'ont déterminé à placer Térésita dans ce pavillon éloigné du palais. Mais rassurez-vous, le peuple de Gênes est calme, il ignore complétement de quelle nation nous sommes... et d'ailleurs, pour plus de sûreté, j'ai fait secrètement mes préparatifs de départ.

LA MARQUISE.

De départ!

LE MARQUIS.

Pour la Corse, notre patrie. Le gouverneur de Gênes, qui est un ancien ami de ma famille, et qui n'a pas oublié cette amitié, malgré les divisions actuelles survenues entre les deux pays, m'a envoyé ce matin des sauf-conduits parfaitement en règle, et demain, s'il le faut, nous partirons. Vous voyez donc bien que nous n'avons rien à craindre en ce moment de l'agitation du peuple.

LA MARQUISE.

Vous me rassurez!

LE MARQUIS.

Cependant, comme on ne doit pas soupçonner notre départ, tâchez que l'air calme de votre visage ne trahisse en rien les craintes qui pourraient encore agiter votre cœur.

LA MARQUISE.

Je suis tranquille, monseigneur.

Ils sortent.

SCÈNE VIII.

LÉONTIO, *paraissant dans l'auberge.*

Le magistrat chargé de la police a disparu... Mais quel est donc cet homme que j'ai aperçu auprès du tombeau de ma mère?... quelque malheureux, sans doute, qu'elle a jadis obligé de ses bienfaits... En voyant de loin un étranger, je me suis enfui... (*Regardant autour de lui.*) Mais l'heure s'écoule, il faut que je parte. Géronimo est absent; je ne puis cependant m'éloigner sans lui avoir serré la main... Je l'entends!

SCÈNE IX.

LÉONTIO, GÉRONIMO, ALPHONSE.

GÉRONIMO, *à Alphonse, dans la coulisse.*

Je regrette beaucoup, mon gentilhomme, mais je n'ai pas une seule chambre à vous offrir.

Alphonse, Géronimo et Catarina entrent.

LÉONTIO.

Vous pouvez prendre la mienne.

CATARINA.

Que dites-vous?

LÉONTIO.

Puisque je m'éloigne, et que cet étranger demande une chambre, disposez de celle-ci.

ALPHONSE.

Recevez mes remercîments.

GÉRONIMO, *à part, à Léontio.*

Un moment, un moment, que diable! vous ne pouvez partir.

LÉONTIO.

Pourquoi?

GÉRONIMO.

Apprenez que comme je l'avais prévu, la populace s'ameute; j'ai entendu proférer des menaces contre les Corses qui se trouvent à Gênes.

LÉONTIO.

Quel motif?...

GÉRONIMO.

La Corse vient de se soulever contre le gouvernement que Gênes lui a imposé.

LÉONTIO.

La Corse!... Je cours rejoindre mes compatriotes, et puissé-je mourir en combattant pour mon pays!.. Adieu, Géronimo!

GÉRONIMO.

Quoi! vous voulez...

LÉONTIO.

Il le faut. (*A Alphonse.*) Seigneur cavalier...

GÉRONIMO, *le regardant sortir.*

O pauvre jeune homme! je tremble en le voyant partir!

CATARINA, *revenant par la porte de gauche.*

Votre chambre est prête, mon gentilhomme.

GÉRONIMO.

Et si vous avez besoin d'autre chose, parlez; nous voici pour vous servir.

ALPHONSE.

Merci, je n'ai besoin que de sommeil. Ah! demain à la pointe du jour, faites-moi réveiller par un de vos gens.

GÉRONIMO.

Je vous éveillerai moi-même, mon gentilhomme.

ALPHONSE.

A demain!

GÉRONIMO.

Allons, viens, Catarina!

Géronimo et Catarina sortent. Alphonse entre dans la chambre qu'on lui a préparée.

SCÈNE X.

LE COMTE GIAFFERRI, *dans le parc, puis* PIÉTRO.

Nuit complète.

GIAFFERRI.

La nuit est venue... voici l'heure... (*Il frappe dans ses mains. Piétro paraît après avoir franchi le mur du fond.*) A l'œuvre, Piétro; il faut que l'incendie allumé par tes mains dévore ce pavillon!

PIÉTRO.

L'incendie!... Et vous jurez que le marquis de Casaréale seul...

GIAFFERRI.

Il périra seul, car seul il habite là.

PIÉTRO.

Vous le jurez!

GIAFFERRI.

Je le jure.

Il s'éloigne un moment.

PIÉTRO, *seul.*

Insensé! qui croit que l'appât de la liberté peut faire commettre une lâcheté à un Montalte!... Oui, je vais mettre le feu à ce pavillon: mais les Corses, nos frères, sont prévenus... ils n'attendent qu'un signal pour se soulever, et ce signal ce sera l'incendie de la maison du traître qui m'a livré! Va, marquis de Casaréale, je ne te frapperai pas comme un lâche... je vais t'appeler au combat, et c'est à la lueur des flammes de ton palais que tu me rendras raison de tes outrages et de ma captivité... Allons.

Piétro entre dans le pavillon, le Comte revient furtivement et ferme la porte.

GIAFFERRI.

J'ai refermé la porte sur lui; s'il succombe dans le pavillon embrasé, eh bien, je serai débarrassé d'un témoin dangereux. (*On aperçoit le feu.*) Bien, bien, l'incendie est complet! Maintenant fuyons... de ce côté l'incendie a donné l'éveil... Ah! la fenêtre de l'auberge!

Il se dirige vers la fenêtre dont il défait le barreau.

ALPHONSE, *sortant de sa chambre.*

L'incendie! (*Regardant.*) Ce parc, ce pavillon!... Ah!

Il se trouve face à face avec Giafferri qui a franchi la fenêtre et est entré dans l'auberge.

ALPHONSE, *laissant tomber sa lumière.*

Giafferri!

GIAFFERI.

Alphonse!

ALPHONSE.

Ah! misérable!... je devine, c'est toi qui as allumé l'incendie.

GIAFFERRI.

Moi!

ALPHONSE.

Infâme, tu vas mourir! A moi! à moi!

GIAFFERRI.

Silence!

ALPHONSE.

Il faut que je te tue!... A moi! à moi!

GIAFFERRI, *le frappant.*

C'est toi qui l'as voulu!

ALPHONSE.

Ah! à moi!

Ils se débattent.

LÉONTIO, *apparaissant dans l'auberge pendant que le meurtre a lieu.*

Repoussés, écrasés par la force et le nombre!... Qu'entends-je! des gémissements!... (*Il heurte le corps d'Alphonse.*) un homme assassiné!... Misérable! c'est toi qui l'a frappé! (*Saisissant Giafferri, qui s'est blotti dans un coin.*) Ah! tu ne m'échapperas pas.

Giafferri s'enfuit, Léontio le poursuit sans voir son visage.

SCÈNE XI.

PIÉTRO, TÉRÉSITA, *dans le jardin*, ALPHONSE *dans l'auberge.*

PIÉTRO, *à travers la fenêtre.*

Giafferri!... lâche, il m'a enfermé!... mais comment sortir d'ici? Ces barreaux, impossible de les briser!... Cette porte! ah!... (*Il la brise, puis il entre dans le parc tenant dans ses bras Térésita évanouie.*) C'est donc de cette enfant qu'il voulait se débarrasser!... et il me jurait que le marquis de Casaréale seul... mais cette enfant je la sauverai! Ah! les blessures que j'ai reçues... je puis à peine... Pauvre enfant, elle respire encore!... Le canon!... ah! ils ont compris mon signal!... Oh! si je pouvais me traîner jusqu'à eux!

ALPHONSE, *appelant au secours.*

Quelqu'un!... mon Dieu! du secours!...

PIÉTRO, *qui a placé Térésita au fond.*

Qu'entends-je?... par là, quelqu'un appelle du secours! (*Il franchit la fenêtre et entre dans l'auberge.*) Un homme assassiné!...

ALPHONSE.

Oui, par Giafferri... mais vous, du sang! ah! blessé!...

PIÉTRO.

Comme vous, par Giafferri!

ALPHONSE.

Je veux écrire... là, là, donnez!

Il désigne la table où se trouve plume et papier.

PIÉTRO.

Je ne sais si je pourrai .. Ah! tenez, tenez!

ALPHONSE.

Mon Dieu! mes yeux se ferment, soutenez mon bras... Prenez, prenez!...

Il remet à Piétro ce qu'il vient d'écrire, puis il tombe mort. Nouveau bruit.

PIÉTRO, *le voyant tomber.*

Mort!... du bruit... si l'on me surprenait ici... Grand Dieu! mes forces m'abandonnent aussi!... Cette jeune fille que j'ai laissée là! Ah! tâchons du moins... m'y voici; mais je ne puis... Ah!...

Il entre dans le parc et tombe près de Térésita.

LÉONTIO, *rentrant dans l'auberge.*

Il m'a échappé, mais grâce à cette croix sanglante que je lui ai faite à la main, Dieu permettra peut-être que je le reconnaisse un jour!... Mais ce malheureux, mon Dieu! son cœur ne bat plus... il est mort!...

Il se penche sur Alphonse; en même temps, du côté de l'auberge, Géronimo, des Soldats et un Officier entrent en scène.

GÉRONIMO, *voyant Alphonse étendu près de Léontio qui est armé d'un poignard.*

Un meurtre chez moi! Ce poignard...

LÉONTIO.

Moi! l'assassin!...

BÉATRIX, *entrant du côté du parc avec ses gens.*

Ma fille! ma fille!...

GÉRONIMO, *montrant Léontio.*

C'est lui qui l'a tué!

LA MARQUISE.

Ma fille!...

LE MARQUIS, *désignant Piétro étendu près de Térésita.*

C'est lui qui l'a sauvée!

ACTE DEUXIÈME.

Dix ans après le premier acte. Un salon ouvert sur le parc du marquis de Casaréale en Corse.

SCÈNE PREMIÈRE.

LÉONTIO, *sous le nom de* JACOBI, PIÉTRO, *endormi.*

JACOBI, *voyant Piétro endormi.*

Personne encore n'est levé dans le palais de monseigneur le marquis de Casaréale... j'ai voulu venir avant tout le monde dans ce pavillon qu'elle affectionne tant... C'est là qu'hier au soir encore elle a passé plusieurs heures à contempler le beau ciel de notre Corse, tandis que moi, caché dans le parc à quelque distance, j'observais sa physionomie si pure, si gracieuse!... (*Apercevant Piétro qui, les habits en désordre, les traits égarés, est couché à terre.*) Ah! ah! c'est ce pauvre malheureux!.. recueilli par la charité du marquis.

PIÉTRO, *endormi.*

Laissez-moi... laissez-moi!... Ces flammes me brûlent aussi. Laissez-moi... laissez-moi, vous dis-je...

JACOBI.

Quelque rêve affreux... il se réveille...

PIÉTRO, *se levant, avec effroi.*

Ah!...

JACOBI.

Ne crains rien... c'est moi, moi, que tu aimes, tu sais bien...

PIÉTRO.

Ah! oui... j'ai bien mal dormi....

JACOBI.

C'est que ta tête est encore si faible, mon pauvre Piétro... il n'est pas étonnant que ton sommeil soit agité... il n'y a pas longtemps que tu es rétabli de cette longue maladie qui a failli te coûter la vie à Gênes... mais l'air pur de ce climat te fera du bien... Il ne m'entend plus! pauvre fou! Encore s'il consentait à rester dans sa chambre.... mais non, il en sort chaque nuit pour errer dans le parc ou dans le palais, jusqu'à ce qu'épuisé de lassitude, il tombe sur le sol et s'y endorme... Il me regarde... ses yeux s'animent... C'est le signe auquel nous reconnaissons les rares instants où un éclair de raison se fait jour dans l'intelligence de ce malheureux.... Eh bien, Piétro, qu'as-tu donc?

PIÉTRO.

Écoutez... vous êtes bon, vous.... Hier, des hommes m'ont appelé : ils m'ont dit : Tu connais Jacobi, ce jeune homme, cet inconnu recueilli par le marquis.

JACOBI.

Moi... Eh bien!...

PIÉTRO.

Eh bien!... ils m'ont dit... qu'il prenne garde à lui!...

JACOBI.

Quoi!...

PIÉTRO, *mettant un doigt sur sa bouche.*

Chut!...

JACOBI, *regardant Piétro avec attention.*

Quel langage!... soupçonnerait-il?.. Oh! non, déjà son regard s'éteint... la raison l'abandonne... mais ces hommes qui lui ont parlé?... peut-être savent-ils que sous ce nom supposé de Jacobi se cache le malheureux Léontio, injustement accusé et condamné à mort comme meurtrier du seigneur de Castellare.... Si cela est vrai, je suis trahi.... il faudra donc m'exiler encore, fuir ce palais où m'enchaîne une passion plus forte que ma volonté, et que ma raison condamne... (*Ici Piétro vient à lui, et par ses gestes joyeux cherche à lui indiquer l'arrivée de Téresa.*) Eh bien, quoi?... (*Apercevant Térésita.*) C'est elle....

Piétro s'éloigne en continuant sa pantomime.

SCÈNE II.

JACOBI, TÉRÉSITA.

TÉRÉSITA.

Vous ici!...

JACOBI, *troublé.*

Signora!

TÉRÉSITA.

N'est-ce pas Piétro qui s'enfuit à mon approche?

JACOBI.

Oui, c'est lui, signora.

TÉRÉSITA.

Et pourquoi s'éloigne-t-il ainsi lorsque la reconnaissance et la pitié me font un devoir de l'accueillir avec bonté?

JACOBI.

Pauvre fou! sait-il ce qu'il fait? C'est en vous sauvant la vie qu'il a été atteint de blessures tellement graves, qu'il en a perdu la raison. Je n'ai appris que vaguement par les gens du château les détails de ce terrible événement.

TÉRÉSITA.

Oh! bien terrible en effet... Il n'a pas eu lieu en Corse, mais à Gênes... dans un endroit où mon père possédait des biens, et voisin d'un lieu où s'élevait jadis l'auberge de la Madone.

JACOBI.

L'auberge de la Madone!...

SCÈNE III.

LES MÊMES, PAULA.

PAULA, *entrant.*

Signora! signora, voici le comte Giafferri qui entre au château... Je viens de l'apercevoir au bout de la grande avenue... Il ne tardera pas à se trouver à la grille du palais...

JACOBI, *à part.*

Le comte Giafferri!

TÉRÉSITA.

Merci, c'est bien... va... va prévenir mon père, ma mère... (*Revenant à Léontio.*) Eh bien, qu'avez-vous?

JACOBI.

Moi! rien.

Paula sort.

SCÈNE IV.

JACOBI, TÉRÉSITA.

TÉRÉSITA.

Vous voici, triste, soucieux... Je veux savoir la cause des chagrins qui semblent vous préoccuper....

JACOBI.

Quoi! vous voulez...

TÉRÉSITA.

Mon intérêt pour vous n'est-il pas naturel? Ma mère elle-même n'a-t-elle pas toute confiance en vous?... c'est que votre rencontre fut pour mon père un grand bonheur, il y a dix mois, quand lui et Jérôme luttaient contre trois assassins armés par une de ces vendetta si communes dans la Corse.

JACOBI.

Et votre père m'a trop récompensé en faisant son secrétaire d'un homme qui n'avait d'autre garantie que sa parole.

TÉRÉSITA.

Il y a des gens dont une parole vaut toutes garanties. Mon père, Corse lui-même, ne devait-il point asile à un compatriote persécuté par le gouvernement génois?... car c'est là le sujet de votre chagrin, sans doute?... Eh bien, le comte Giafferri, qui va venir ici, est aussi un gentilhomme Corse... Il s'est mis au service de Gênes dans cette province; et si mon père pouvait faire obtenir par lui votre grâce....

JACOBI, *vivement.*

Oh! non, je vous en supplie, non! qu'on ne lui parle pas de moi....

TÉRÉSITA.

Mais à propos du comte Giafferri, je voulais vous demander un service.

JACOBI.

Et lequel... je serais assez heureux...

TÉRÉSITA.

Peut-être est-ce contraire à la discrétion absolue que mon père réclame de vous dans vos fonctions auprès de lui; mais s'il vous a fait écrire au comte en son nom, veuillez me dire s'il est réel, comme je le soupçonne, d'après la conduite mystérieuse de mes parents, que ce seigneur ne vient ici que pour faire la demande de ma main.

JACOBI, *avec douleur.*

Hélas! cela n'est que trop vrai! et je n'ai plus qu'à mourir....

TÉRÉSITA.

Mourir!

JACOBI.

Oui, car il est de ces malheurs qu'on n'a pas plus le droit d'empêcher qu'on n'a la force de les subir; je voulais me taire, je voulais étouffer dans mon sein un secret qui devient un crime en se révélant... mais je souffre tant que j'ai le droit au moins de me plaindre... Oui, signora... j'osais invoquer votre nom dans mes douleurs... Ne m'accusez pas d'avoir méconnu la distance qui nous sépare aujourd'hui, car mon audace ne serait que dans mes espérances... et l'espoir je le repousse avec effroi...

TÉRÉSITA.

Jacobi!

JACOBI.

Et pourtant, si un pouvoir injuste, impitoyable, ne m'avait point écrasé sous le fardeau d'un malheur qui dépasse toute force humaine, peut-être aurais-je pu me présenter avec orgueil devant tous, même devant vous, Térésita de Casaréale; peut-être moi aussi j'aurais pu réclamer ma part de bonheur et vous disputer à ce Giafferri que je ne connais pas, mais que je hais, parce qu'il ose prétendre à votre main, parce qu'il est mon rival, et parce qu'enfin je vous aime...

Il tombe à ses genoux.

TÉRÉSITA.

Que dites-vous?...

JACOBI.

Oh! pardon... pardon... le désespoir m'a arraché un aveu involontaire.... je ne vous ferai pas subir davantage ma présence... Mais si, comme vous le disiez tout à l'heure, j'ai mérité votre reconnaissance par quelque service rendu au marquis de Casaréale, prouvez-le-moi en ne vous souvenant plus de cette rencontre et de mes aveux... je vais m'exiler de cette maison... Vous fuir, c'est dire un premier adieu à la vie... le dernier ne se fera pas attendre.

Il fait quelques pas.

TÉRÉSITA.

Oh! restez, je le veux.

JACOBI.

Signora!

TÉRÉSITA.

Je vous en prie. Quelques souffrances que vous ayez à subir... supportez-les avec courage; car nul n'a été oublié dans ce grand partage de douleurs, auquel Dieu nous a tous appelés....

Adieu, ou plutôt au revoir, car vous resterez, n'est-ce pas?... Au revoir, Jacobi, au revoir...

SCÈNE V.

JACOBI.

Signora.... restez.... m'a-t-elle dit.... Mais si je reste parviendrai-je jamais à enchaîner cet amour?... Que résoudre... que faire? Qu'entends-je?

SCÈNE VI.

JACOBI, PIÉTRO, *fuyant devant* GIAFFERRI.

PIÉTRO, *riant.*

Ah! cet homme! cet homme!... là... là!...

GIAFFERRI.

Insolent!... Eh bien, qu'a donc cet homme?...

JACOBI.

C'est un pauvre insensé, il faut avoir pitié de lui!...

GIAFFERRI.

Un insensé, dites-vous... Ah! et moi qui pensais...

Il vient à Piétro dont il n'a pas vu le visage.

JACOBI, *à part.*

Ah! c'est là sans doute ce comte Giafferri!

GIAFFERRI, *à part, reconnaissant Piétro.*

Grand Dieu!....

JACOBI, *à part.*

Qu'a-t-il donc?... comme il l'observe.

GIAFFERRI, *à Jacobi.*

Quel est cet homme?...

JACOBI.

Pourquoi cette question!...

GIAFFERRI.

Répondez... répondez....

JACOBI.

Mais... de quel droit?...

GIAFFERRI.

Oh!... c'est vrai, j'oubliais... j'aurais dû vous apprendre mon nom... Êtes-vous de la maison?...

JACOBI.

Je suis le secrétaire du marquis.

GIAFFERRI.

Vous êtes au service du marquis; alors, veuillez me répondre... Je suis le comte Giafferri.

JACOBI, *à part.*

Giafferri!... (*Haut.*) Daignez m'excuser... cet homme a été recueilli par le marquis de Casaréale... en échange d'un grand service qu'il lui a rendu autrefois.... il se nomme Piétro!...

GIAFFERRI, *à part.*

C'est bien lui....

JACOBI.

Ce pauvre Piétro a la tête égarée...

GIAFFERRI.

Comment! que dites-vous?...

JACOBI.

Je dis que Piétro est fou!...

GIAFFERRI, *à part, avec joie.*

Fou!

JACOBI.

Oui, monseigneur... Et son état de démence doit le faire excuser... vous voyez que j'avais raison de réclamer pour lui toute votre indulgence.

GIAFFERRI.

Oui, vous aviez raison!... (*A part.*) Piétro vivant, mais fou!...

JACOBI.

Au surplus, voici monseigneur le marquis de Casaréale... il vous donnera lui-même toutes les explications que vous pourriez encore désirer.

Il sort. Piétro regarde Jacobi, se met à rêver et disparaît ensuite.

SCÈNE VII.

LE COMTE, LE MARQUIS, LA MARQUISE.

LE MARQUIS.

Eh quoi! c'est vous, comte Giafferri?... Que je vous félicite de votre heureuse arrivée...

LE COMTE.

J'étais impatient de venir vous serrer la main, marquis de Casaréale, et de présenter à madame la marquise...

On se salue.

LE MARQUIS.

Mais j'y songe... Eh quoi! personne ne vous a annoncé... comment se fait-il...

LE COMTE.

Mon Dieu, qu'importe! il est encore assez bon matin, et c'est presque une indiscrétion de ma part d'être venu à pareille heure... d'ailleurs, j'ai été reçu à mon arrivée par votre secrétaire, et je m'entretenais avec lui de ce pauvre malheureux que vous avez recueilli.

LA MARQUISE.

Ah! oui, Piétro.

LE MARQUIS.

Vingt fois j'ai été sur le point de le placer dans une de ces maisons destinées aux infortunés, privés de la raison, mais toujours madame la marquise a intercédé pour lui, et j'ai dû le conserver.

Il remonte au fond pour donner un ordre.

LA MARQUISE.

Mais ne lui devons-nous pas la vie de Térésita?

LE COMTE.

Vous lui devez la vie de votre fille?... voilà qui excite ma curiosité.

LA MARQUISE.

Oui, monsieur le comte, ce malheureux Piétro a sauvé Térésita, et je serais surprise que ce fait ne fût pas parvenu à votre connaissance, si je ne me souvenais qu'à l'époque où il eut lieu, il y a dix ans, vous aviez quitté Gênes... Mais vous vous rappelez du moins le fatal incendie qui détruisit aux environs de cette ville le pavillon habité par ma fille. Quand nous arrivâmes attirés par les cris de nos serviteurs... Térésita avait été arrachée à la mort..... nous la trouvâmes à l'abri de tout danger... Auprès d'elle était étendu sans mouvement, et mutilé par le feu, un homme, son libérateur, Piétro enfin... ce pauvre serviteur que vous venez de voir.. Pendant trois jours on le crut mort; déjà le cercueil était préparé pour une victime nouvelle, lorsque l'on reconnut en elle quelques signes d'existence... Enfin, Piétro fut sauvé!... mais à quel prix, mon Dieu! au prix de l'intelligence, de la raison...

LE COMTE.

Et.... dans cette folie, il n'arrive jamais à ce Piétro de faire allusion aux événements qui l'ont causée... de nommer... les personnes qu'à l'époque de l'incendie il pouvait connaître?...

LE MARQUIS.

Non, jamais... A cet égard, ses souvenirs paraissent complétement éteints....

TÉRÉSITA, *parlant en dehors.*

Donnez, donnez, je vais lui porter.

Elle entre.

LE COMTE.

Voilà qui est étrange. (*A part.*) C'est égal, je ne suis pas encore bien rassuré.

SCÈNE VIII.

LES MÊMES, TÉRÉSITA.

TÉRÉSITA.

Pardon si je vous dérange... (*Saluant Giafferri.*) Monseigneur!... (*A son père.*) Voici une lettre qu'un courrier apporte à l'instant même.

LA MARQUISE, *qui a regardé la suscription.*

Des nouvelles d'Espagne... peut-être une lettre de mon père!

LE MARQUIS, *au Comte.*

Vous permettez, comte Giafferri?

Le Comte remonte la scène. Térésita se rapproche de sa mère, le Marquis lit à l'écart.

TÉRÉSITA.

Ma mère... je devine... je sais pourquoi le comte Giafferri est ici... mais au nom du ciel, tandis qu'il en est temps encore, opposez-vous à ce que l'on fasse le malheur éternel de votre fille.

BÉATRIX.

Que dis-tu... le comte Giafferri...

GIAFFERRI, *à part.*

Mon nom!

TÉRÉSITA.

Je le hais... et j'en aime un autre.

BÉATRIX.

Malheureuse enfant... tais-toi, tais-toi!

GIAFFERRI, *à part.*

Que disent-elles donc?... l'accueil glacé de la mère et de Térésita... je comprends, on voudrait m'éloigner...

LE MARQUIS, *à Béatrix.*

Ce sont en effet des nouvelles de votre père... des nouvelles importantes même.

BÉATRIX.

Ciel! sa santé serait-elle plus gravement altérée? Oh! répondez!

LE MARQUIS.

Rassurez-vous..... je vous communiquerai ces dépêches... plus tard...

GIAFFERRI.

Comment donc! mais je vous laisse... le plus grand plaisir que vous me puissiez faire, c'est d'agir librement avec moi. J'ai moi-même quelques ordres à donner... à tout à l'heure... (*Saluant la Marquise.*) Madame... signora... (*A part.*) A Piétro, maintenant. Oh! il ne sera pas dit que la fortune m'échappera ici pour la seconde fois. (*Haut.*) A bientôt, monsieur le marquis, à bientôt...

Il sort. Le Marquis remonte le théâtre pour l'accompagner.

TÉRÉSITA, *bas, à sa mère.*

O ma mère! ne m'abandonnez pas, ou bien je mourrai de désespoir.

BÉATRIX.

Calme toi, et prends courage... j'avais déjà lu dans ton cœur... et si je puis...

TÉRÉSITA.

O! ma mère! que de bonté!...

LE MARQUIS, *revenant à Térésita.*

Térésita, veuillez me laisser avec votre mère.

BÉATRIX.

Va, va, mon enfant.

Térésita sort.

SCÈNE IX.

LE MARQUIS, LA MARQUISE.

LE MARQUIS.

Maintenant que nous sommes seuls, apprenez qu'un motif sacré réclame votre présence en Espagne.

LA MARQUISE.

Un motif sacré, dites-vous?

LE MARQUIS.

Oui, votre père se sent affaiblir davantage de jour en jour.

LA MARQUISE.

Grand Dieu! mon père!...

LE MARQUIS.

Rassurez-vous, vous dis-je encore; ces dépêches ne contiennent rien d'alarmant... mais enfin, votre père est âgé... d'un moment à l'autre Dieu peut le rappeler à lui, et avant que ce douloureux événement arrive, selon l'ordre immuable de la nature, votre père voudrait vous revoir une dernière fois.

LA MARQUISE.

Mon père, mon pauvre père... oh! j'irai, je partirai ce soir... oui, ce soir même.

LE MARQUIS.

J'approuve cet empressement, et je l'autorise... Vous m'excuserez, madame, si je ne vous accompagne pas : mais des soins qui ont aussi leur importance me retiennent ici.

LA MARQUISE.

Oui, monseigneur, demeurez; je partirai seule, avec ma fille.

LE MARQUIS.

Avec Térésita? cela ne se peut pas... oubliez-vous donc le motif qui amène ici le comte Giafferri? Dans toute autre occasion j'aurais consenti avec joie à vous donner votre enfant pour compagne de voyage, surtout pour aller recevoir les derniers embrassements de son aïeul maternel ; mais les préliminaires du mariage de Térésita sont déjà bien avancés, ma parole est presque engagée au comte Giafferri, dont la recherche vous a jusqu'ici paru, ainsi qu'à moi, réunir toutes les convenances désirables... Je craindrais, si Térésita partait avec vous, qu'il n'interprétât son absence comme un refus ou comme une injure.

LA MARQUISE.

Hélas! je me priverai de ma fille, si telle est votre volonté; mais avant que je ne parte, répondez-moi, monseigneur, dites-moi si en effet vous êtes irrévocablement déterminé à unir Térésita au comte Giafferri.

LE MARQUIS.

Une pareille question...

LA MARQUISE.

A droit de vous surprendre, je le sais, surtout après ce que vous venez de me dire... oui, je sais que votre parole est presque engagée pour ce mariage, qu'il est bien tard pour le rompre... et cependant...

LE MARQUIS.

Cependant... le rompre, dites-vous?... et qui oserait penser à cela?...

LA MARQUISE.

Eh bien, moi, monseigneur.

LE MARQUIS.

Vous Béatrix?

BÉATRIX.

Oui, moi; dussiez-vous condamner ma faiblesse, j'avoue que je n'ai pu résister aux prières de Térésita... oui... elle m'a ouvert son âme... elle m'a dit en pleurant qu'elle redoutait le comte Giafferri, qu'un mariage avec lui la rendrait malheureuse et désespérée... enfin, elle m'a suppliée d'intercéder pour elle auprès de vous... et me voici à mon tour, suppliante comme elle, pour que vous renonciez à un projet qui ferait mon chagrin éternel, s'il causait celui de ma fille.

LE MARQUIS.

Madame, le seul malheur d'une fille soumise et respectueuse est de ne pas obéir aveuglément à la volonté de ses parents... Le temps vaincra les répugnances de Térésita.

LA MARQUISE.

Ah! par pitié, épargnez-lui...

LE MARQUIS.

Le malheur que l'inflexible rigueur de votre père vous a causé à vous-même, n'est-ce pas? Est-ce bien à vous, madame, à rappeler de pareils souvenirs?

LA MARQUISE.

Oh! moi je ne me plains pas de mon sort; mais puis-je espérer que Térésita ait la même résignation? car songez-y, monseigneur, c'est une bien grande douleur pour une pauvre fille de se voir sacrifiée sans pitié à des considérations d'ambition ou de fortune, et privée du bonheur qu'elle avait rêvé, par ceux-là même que Dieu avait commis au soin de la rendre heureuse en ce monde.

LE MARQUIS.

Encore une fois, madame, ce bonheur, vous en parlez avec un tel accent de regret, que...

LA MARQUISE.

Je ne regrette rien, monseigneur; seulement je me souviens, et encore ces souvenirs eux-mêmes, il vous serait si facile de les effacer à jamais de mon cœur!

LE MARQUIS.

Et pour cela que faudrait-il faire?

LA MARQUISE.

Vous montrer bon et indulgent pour votre fille!

LE MARQUIS, *après un moment.*

Ma fille... mais je l'aime... oui, j'aime Térésita... Dieu m'en est témoin.

LA MARQUISE.

Eh bien, si vous aimez votre fille, brisez, ou plutôt ajournez jusqu'à mon retour ce mariage qui lui fait horreur. Jadis vous m'avez souvent reproché mon indifférence, eh bien, si vous tenez encore à mon affection... oui, si vous voulez à jamais chasser de mon cœur les derniers souvenirs d'un passé qui le sépare du vôtre, que ce soit votre tendre indulgence pour Térésita qui nous serve de gage mutuel de réconciliation. Consentez à écouter la prière qu'elle vous adresse par ma bouche; ramenez à vous votre fille, et en la pressant sur votre cœur, vous y trouverez aussi le mien... le mien, qui ne cessera plus de vous bénir.

LE MARQUIS, *convaincu.*

Béatrix... eh bien... mais ne craignez-vous pas que le comte Giafferri...

LA MARQUISE.

Le comte Giafferri... et pourquoi prendriez-vous tant de soins pour le ménager? Autrefois, lorsque Térésita était trop jeune encore pour qu'il songeât à une alliance qui le rend désormais l'héritier de tous vos biens, ne vous souvient-il plus qu'il fut votre plus ardent ennemi?

LE MARQUIS.

Oui, en effet, je m'en souviens.

LA MARQUISE.

Et puis, le comte Giafferri ne vous a-t-il pas toujours paru, comme à moi, dur, envieux, méchant?... Et c'est à un pareil homme que vous iriez confier le bonheur de votre fille et l'avenir de votre nom?... Oh! croyez-en mes pressentiments, repoussez une alliance qui ne nous apporterait à tous que chagrins et malheurs!

LE MARQUIS.

Eh bien!.. oui, peut-être vous avez raison... oui, pendant votre absence je chercherai le moyen de rompre sans éclat... enfin, je tâcherai, je verrai...

LA MARQUISE.

Oh! je vous remercie... car cet ajournement sera déjà un bonheur pour Térésita.

LE MARQUIS.

Soyez sans crainte; je ne veux pas non plus lui imposer une union qu'elle détesterait, car cela rend si malheureux, n'est-ce pas?

LA MARQUISE.

Oh! je ne me souviens plus d'avoir connu ce malheur, en vous trouvant si bon, si bienveillant.

LE MARQUIS.

Voici le comte!

LA MARQUISE.

Je vous laisse seul avec lui; moi, je vais faire mes préparatifs de départ (*Avec hésitation.*) Puis-je aussi faire ceux de Térésita?

LE MARQUIS.

Que votre fille vous accompagne!

LA MARQUISE.

O mon ami!

Béatrix salue le comte et s'éloigne.

SCÈNE X.

LES MÊMES, LE COMTE.

LE COMTE, *à part, observant Béatrix.*

Son visage est radieux de bonheur!... le marquis aurait-il changé d'avis?

SCÈNE XI.

LE MARQUIS, LE COMTE.

LE COMTE.

Eh bien! avez-vous entretenu madame la marquise de Casaréale du motif de mon voyage en Corse?...

LE MARQUIS.

A l'instant même, monsieur le comte.

LE MARQUIS.

Et que puis-je espérer?...

LE COMTE.

Certes, monsieur le comte, toutes les qualités qui peuvent assurer l'avenir d'une jeune fille se trouvent réunies en vous.

LE COMTE, *à part.*

Des compliments... c'est un refus... je l'avais deviné...

LE MARQUIS.

Mais...

LE COMTE.

Mais...

LE MARQUIS.

Mais vous l'avouerai-je, la marquise a pensé que ce moment serait peut-être mal choisi pour onger au mariage de sa fille...

LE COMTE.

Et comment cela?...

LE MARQUIS.

Oui... cette lettre, que nous venons de recevoir d'Espagne, contient la nouvelle d'une maladie grave dont son père est atteint.... Aujourd'hui même, elle va partir pour aller lui prodiguer ses soins... et vous comprenez que je n'ai pu lui refuser la consolation d'emmener avec elle Térésita.

LE COMTE.

Que le père de madame la marquise soit malade, j'en suis désolé; que madame la marquise soit sur le point d'entreprendre un voyage, je le comprends; mais que ce soit cette raison qui vous fasse ajourner mon union avec votre fille, voilà ce que j'ai peine à concevoir. Tenez, soyons francs... on a cherché à vous détourner de ce mariage.

LE MARQUIS.

Et pour quelle raison voudriez-vous qu'il en fût ainsi?...

LE COMTE.

Mais je ne sais : madame la marquise n'aurait-elle pas quelque préférence pour ce jeune homme, votre secrétaire, je crois?...

LE MARQUIS, *avec mépris.*

Jacobi?...

LE COMTE.

Tandis que moi, au contraire, j'aurais eu le malheur de lui déplaire; et n'est-il pas naturel de supposer que madame la marquise a pu faire partager ses répugnances à votre fille?...

LE MARQUIS.

Si madame la marquise s'était prononcée contre vous, l'intérêt de son enfant aurait seul dicté son langage.

LE COMTE.

L'intérêt de son enfant... ou peut-être le sien.

LE MARQUIS.

Le sien! que voulez-vous dire?...

LE COMTE.

Je veux dire qu'il existe parfois des souvenirs qu'on voudrait cacher, et que la présence de certaines personnes peut rappeler d'une manière désagréable.... Alors on est bien aise d'éloigner des témoins discrets sans doute, mais enfin à la merci desquels on se trouve. Pour y parvenir, on cherche à leur fermer l'entrée de sa maison, et pour cela, après leur avoir laissé espérer une union qu'ils désiraient dans un motif bien désintéressé, on les fait poliment congédier par le chef de la famille... Voilà ce que je voulais dire, monsieur le marquis...

LE MARQUIS.

Je ne vous comprends pas.

LE COMTE.

Si madame la marquise était ici, elle me comprendrait peut-être.

LE MARQUIS.

Monsieur le comte... expliquez-vous.

LE COMTE.

En me signifiant votre volonté de refuser mes offres, vous ne vous êtes sans doute pas déterminé à les repousser sans de graves motifs... Je ne vous en demande pas compte... et je pense...., que ma discrétion...

LE MARQUIS.

Maintenant, c'est un outrage! répondez! répondez!

LE COMTE.

Mais! je ne puis...

LE MARQUIS.

Ah! prenez garde! répondez, ou bien votre langage de tout à l'heure n'était que ruse et calomnie.

LE COMTE.

De la calomnie! marquis de Casaréale... Mais à quoi bon réveiller dans votre cœur les tourments d'une ancienne jalousie?

LE MARQUIS.

De la jalousie, moi! ah! si jamais un pareil sentiment... Mais c'est trop attendre. Vos paroles, au lieu de calmer mon impatience, ne font que l'accroître; parlez! ou bien, pour la dernière fois, je croirai que ces accusations que votre bouche annonce, vous ne les achevez pas, de peur d'être forcé de les soutenir l'épée à la main.

LE COMTE.

Ah! c'en est trop! je voulais me taire par pitié pour une femme dont je ne devine que trop bien la haine! mais vos soupçons m'offensent à mon tour, et puisque enfin il s'agit de votre honneur, apprenez donc qu'Alphonse de Castellare... Vous pâlissez! ah! j'en ai trop dit!...

LE MARQUIS.

Mais non, je suis calme. Achevez... achevez... Cet homme, qu'a-t-il fait?

LE COMTE.

Eh bien, la veille de sa mort, à Gênes, on l'a surpris dans votre parc.

LE MARQUIS.

Grand Dieu! c'était lui!

LE COMTE.

Oui, et la marquise...

LE MARQUIS.

N'achevez pas... elle ne peut... elle ne doit pas être coupable.

LE COMTE.

Elle l'a toujours aimé.

LE MARQUIS.

La preuve! la preuve!

LE COMTE.

Songez-y bien, c'est vous, ce sont vos soupçons injurieux qui me forcent...

LE MARQUIS.

La preuve, vous dis-je!

LE COMTE, *lui remettant une lettre.*

Eh bien, cette lettre trouvée sur Castellare mourant...

LE MARQUIS, *après avoir lu.*

Une lettre d'elle!..... à lui!..... oh! malédiction!... (*Au comte.*) Elle n'était pas ma femme alors. (*A part.*) Mais depuis ils se sont vus, oui, et le jour où cet homme est mort, dans quelle intention avait-il donc franchi les murs de mon parc?... Oh! ma haine! ma haine! pourquoi la réveiller dans mon cœur?... Pourquoi faut-il que le soupçon... Ah! s'il était vrai qu'elle eût toujours aimé cet homme!... Et s'il n'en était pas ainsi, m'aurait-elle si longtemps dédaigné, moi, devenu son époux, si en effet un autre amour... Ah! maudite soit cette révélation qui jette le désespoir dans mon cœur, qui me fait douter de mon bonheur passé et même de l'enfant que Dieu m'a donné!... Térésita, Béatrix! ah! malheur! malheur à elles! les voici!

GIAFFERRI.

Contenez-vous, de grâce, contenez-vous.

SCÈNE XII.

LES MÊMES, TÉRÉSITA, BÉATRIX, JACOBI.

JACOBI.

Ah! madame, soyez bénie pour l'espoir que vous venez de me donner.

BÉATRIX, *au Marquis.*

Mon ami, nous allons partir... Mais, qu'avez-vous? comme vous êtes pâle, ému! Voici votre fille; avant qu'elle ne s'éloigne, ne l'embrassez-vous pas?

LE MARQUIS.

Vous partirez seule, madame.

BÉATRIX, *et* TÉRÉSITA *avec étonnement.*

Seule!

LE MARQUIS, *à Léontio.*

Et vous qui osez lever les yeux sur la fille de votre maître, je vous ordonne de sortir à l'instant même de cette maison.

LÉONTIO.

Monseigneur!...

TÉRÉSITA.

Mon père!

LE MARQUIS.

Je le veux!

GIAFFERRI, *à part.*

Elle est à moi!

Piétro a entrouvert la porte de gauche, et est venu se placer près de Giafferri. Au moment où Giafferri dit ces mots: *Elle est à moi*, Piétro pousse de bruyants éclats de rire en regardant le Comte, comme pour le narguer. Ce jeu de scène a lieu jusqu'au baisser du rideau.

ACTE TROISIÈME.

Une chambre des appartements de Térésita, au château. Grande porte au fond, donnant sur le parc. A gauche du spectateur, une fenêtre; au devant, une toilette; à droite, une secrète faite au premier plan; du même côté, au second plan, une porte praticable. Il est nuit.

SCÈNE PREMIÈRE.

PAULA, TÉRÉSITA.

PAULA.

Signora, tout est prêt pour votre parure; monsieur le marquis votre père va bientôt venir vous chercher; le comte Giafferri vous attend; ne voulez-vous pas achever votre toilette?

TÉRÉSITA.

Un mariage!... dans une heure!... Ah! ma mère, pourquoi ne viens-tu pas défendre et protéger ta fille?

PAULA.

Signora, vous le savez: placée entre son amour de mère et sa tendresse filiale, madame la marquise a dû partir pour aller d'abord accomplir ses devoirs auprès de son père mourant.

TÉRÉSITA.

Pauvre mère!... Et Jacobi, qu'est-il devenu?

PAULA.

Tout le monde l'ignore; seulement on croit qu'il a quitté la Corse en même temps que vous, et qu'il vous a suivie ici, à quelque distance de Gênes, dans cette propriété que vient tout récemment d'acquérir monsieur le marquis votre père.

TÉRÉSITA.

Et tu crois que Jacobi est dans les environs?

PAULA.

Tout le fait supposer. . Depuis trois jours je vois errer autour du palais un homme soigneusement enveloppé dans un manteau, et j'ai peine à croire que ce ne soit pas Jacobi. (*Allant à la fenêtre.*) Tenez, malgré l'obscurité, regardez encore en ce moment.

TÉRÉSITA, *allant regarder.*

Oui, en effet... mais il s'éloigne... Avec qui causait-il donc?

PAULA.

Avec Piétro.

TÉRÉSITA.

O mon Dieu! faites que ce soit lui... Écoute, Paula; toi aussi tu es ma compagne fidèle... élevées ensemble, nous ne nous sommes jamais quittées, et je crois que tu m'aimes...

PAULA.

Si je vous aime, moi!... que faut-il faire pour vous le prouver?

TÉRÉSITA.

Il faut que tu puisses joindre cet homme, lui parler, et si c'est Jacobi, dis-lui de venir ici, dans ce palais; dis-lui qu'on veut me marier ce soir même... dis-lui enfin, ou plutôt non, ne lui parle pas de tout cela... Mais qu'il vienne, qu'il vienne, au nom du ciel!

PAULA.

Rassurez-vous, signora, je cours.

TÉRÉSITA.

Mais comment pourras-tu le faire pénétrer jusqu'ici?

PAULA.

Fiez-vous à ma prudence.

Bruit au dehors.

TÉRÉSITA.

Quel est ce bruit?

PAULA.

Ce sont les paysans du nouveau domaine de monsieur le marquis qui viennent rendre hommage à leur jeune maîtresse.

TÉRÉSITA.

Non, non, qu'ils n'entrent pas.

PAULA.

Les voici!

Des paysans et des jeunes filles paraissent au fond. En ce moment la fenêtre s'ouvre, Jacobi saute dans la chambre.

TÉRÉSITA, *voyant Jacobi.*

Jacobi!... Merci, merci, mes bons amis... Je ne puis en ce moment recevoir le témoignage de votre amitié...

PAULA, *empêchant les paysans d'entrer.*

Des tables ont été dressées pour vous... Allez vous reposer dans le parc en attendant le retour de monsieur le marquis.

TOUS.

Vive l'héritière des Casaréale!

PAULA.

Allez, allez!

Elle les conduit au dehors.

SCÈNE II.

TÉRÉSITA, JACOBI, *puis* PAULA.

TÉRÉSITA.

Vous, Jacobi!...

JACOBI.

Pouviez-vous penser, Térésita, que je vous abandonnerais?

TÉRÉSITA.

Jacobi, je suis bien malheureuse!

JACOBI.

Malheureuse, vous!... Ainsi donc, c'est bien

la vérité... ces préparatifs de mariage sont bien réels?... ces paysans, ces fleurs, ces hommages, tout cela est bien pour vous, pour la fiancée du comte Giafferri?

TÉRÉSITA.

Hélas!

JACOBI.

Oh! mais ce mariage funeste ne s'accomplira pas!... dussé-je frapper Giafferri jusque sur les marches de l'autel.

TÉRÉSITA.

Malheureux! que dites-vous?

JACOBI.

Je dis que tu ne consentiras jamais à devenir l'épouse de cet homme; je dis que ta mère, avant d'être séparée de toi, avait juré d'assurer notre bonheur; je dis enfin que les droits d'une mère sont sacrés aussi, et que si tu m'aimes encore, Térésita, si tu n'es pas devenue parjure, tu te rappelleras nos serments, tes aveux, ma tendresse pour toi, et qu'en songeant à mon désespoir, à mon malheur éternel, tu auras le courage de te soustraire, fût-ce même par la fuite, à l'odieux mariage qu'un père veut t'imposer.

TÉRÉSITA.

Oh! tais-toi, tais-toi!... (*On entend du bruit.*) Qu'entends-je?... on vient!

PAULA, *entrant, et annonçant le marquis.*

Alerte! alerte, signora... votre père vient d'arriver.

TÉRÉSITA, *à Jacobi.*

Mon père!... Oh! fuyez, où je meurs de honte à ses pieds.

JACOBI.

Partir! partir... Et ce mariage!

TÉRÉSITA.

Il ne s'accomplira pas.

JACOBI.

C'est aujourd'hui même qu'il doit avoir lieu.

TÉRÉSITA.

Il ne s'accomplira pas, te dis-je... Mais par pitié, fuis! fuis!

JACOBI.

Je m'éloigne; mais jure-moi...

TÉRÉSITA.

Oui...

PAULA, *revenant du fond, où elle était en observation.*

La fuite est impossible par le jardin; voici monseigneur le marquis.

TÉRÉSITA, *indiquant une porte à gauche, qu'elle veut ouvrir.*

Eh bien, par là... fermée!

PAULA, *agitant une autre porte à gauche.*

Fermée aussi.

TÉRÉSITA.

Nous sommes perdus!

Une porte dérobée s'ouvre à droite; Piétro paraît, en poussant de bruyants éclats de rire.

LÉONTIO.

Par ici!... Piétro! oh!... par ici!

Jacobi, Paula et Piétro disparaissent au moment où le Marquis arrive sur le seuil de la porte du fond.

SCENE III.

TÉRÉSITA, LE MARQUIS, PAULA.

LE MARQUIS, *à part.*

Trop tard! (*A Paula.*) Prenez-les clefs de cet appartement... sortez.

Paula sort par la porte de droite, au deuxième plan.

TÉRÉSITA, *à part.*

Merci, mon Dieu!

LE MARQUIS, *s'approchant d'elle.*

Qu'avez-vous donc?... Pourquoi cette émotion, cette pâleur sur votre visage?

TÉRÉSITA.

C'est que votre présence est toujours une rigueur pour votre fille, et devant une rigueur sans motifs et sans fin, on a droit de reculer peut-être; pardonnez-moi ma terreur, votre sévérité la justifie.

LE MARQUIS.

Et ces rigueurs sont bien injustes, n'est-ce pas? Votre conduite proteste victorieusement contre elles?... Oh! ne cherchez pas à me tromper!...

TÉRÉSITA.

Mais que croyez-vous donc?

LE MARQUIS.

Je crois que vous n'étiez pas seule avec cette femme, Térésita, et je le crois pour votre honneur.

TÉRÉSITA.

Pour mon honneur!

LE MARQUIS.

Oui, car lorsque Térésita de Casaréale s'oublie jusqu'à aimer un homme recueilli par la bienveillance d'un maître dont il veut déshonorer le nom, je me plais à croire que cet homme fait au moins à cette jeune fille l'honneur de venir au rendez-vous qu'elle même lui donne.

TÉRÉSITA.

Que voulez-vous dire?

LE MARQUIS.

Jacobi sort d'ici... ne cherchez pas à nier... je sais tout!

TÉRÉSITA, *après un temps.*

Eh bien, oui, c'est la vérité, il était ici... je n'ai que lui maintenant pour appui dans ce monde.

LE MARQUIS.

J'aurais pu faire entourer ce pavillon, me saisir de cet homme; mais j'ai eu plus de pitié que vous-même de l'honneur du nom que vous allez porter, je n'ai pas voulu qu'on punît Jacobi dans votre faute commune; il a pu s'échapper, mais s'il reparaît une fois encore au château, j'en fais le serment inexorable, il périra frappé comme un malfaiteur!

TÉRÉSITA, *à part.*

Mon Dieu!

LE MARQUIS.

L'heure que j'ai fixée pour votre mariage avec le comte est arrivée; préparez-vous à le suivre à l'autel.

TÉRÉSITA.

Mon père! grâce, grâce. (*A part.*) Et moi qui ai promis à Jacobi...

LE MARQUIS.

Voici votre époux!

SCÈNE IV.

LES MÊMES, LE COMTE, SEIGNEURS, DAMES, DEMOISELLES, *portant des corbeilles de fleurs*, DOMESTIQUES.

LE MARQUIS.

Comte Giafferri, voici votre fiancée... l'autel est préparé...

TÉRÉSITA, *d'une voix étouffée.*

Ma mère, ma mère!... personne ne viendra donc à mon secours?

LE MARQUIS.

Contenez-vous... oubliez-vous devant qui vous êtes?

On conduit Térésita auprès de la glace, devant laquelle on lui attache une couronne de fleurs et le voile de la mariée.

TÉRÉSITA, *à laquelle Giafferri est venu offrir la main.*

Mon Dieu! tu m'abandonnes...

Tout le monde remonte vers le fond.

SCÈNE V.

LES MÊMES, LA MARQUISE.

BÉATRIX, *dans le lointain.*

Ma fille!... ma fille!...

TÉRÉSITA.

Ma mère!... ah! je suis sauvée!...

BÉATRIX, *arrivant.*

Ma fille!...

TÉRÉSITA.

Ma mère!...

TOUS.

Sa mère!...

GIAFFERRI.

La marquise!

LE MARQUIS.

Vous ici, madame!...

BÉATRIX.

Oui... moi!... Dieu a rappelé à lui mon pauvre père... Mes devoirs de fille accomplis, j'ai lutté contre ma douleur, et je suis venue... Mais pourquoi ces apprêts de fête, ce monde, ces fleurs, cette parure? que dois-je penser, monseigneur?...

LE MARQUIS.

Que Térésita va se marier!

BÉATRIX.

Avec Giafferri, n'est-ce pas?...

LE MARQUIS.

Avec lui... mais on nous observe, nous nous expliquerons plus tard...

Il veut prendre la main de Térésita.

LA MARQUISE, *se rapprochant de sa fille.*

Arrêtez... Ah! voilà donc votre projet!... voilà donc la cause des larmes dont je vois les traces sur le visage de Térésita... oui... c'est bien cela! un mariage! mais vous n'aviez donc pas compté sur moi, monseigneur... mais je suis sa mère, entendez-vous bien... Il faut aussi mon consentement pour que cette union puisse avoir lieu. Eh bien! ce consentement je le refuse!...

LE MARQUIS.

Madame!...

BÉATRIX.

Je le refuse, vous dis-je!...

LE MARQUIS.

Vous voulez donc me déshonorer publiquement?...

BÉATRIX.

Je veux défendre et protéger ma fille!

LE MARQUIS.

Ne me forcez pas à employer la violence...

LA MARQUISE.

Des menaces! Je les brave!...

LE MARQUIS.

Madame!...

LA MARQUISE, *pressant sa fille contre son cœur.*

Eh bien! venez donc l'arracher des bras de sa mère!...

LE MARQUIS.

Ah! c'en est trop!...

SCÈNE VI.

LES MÊMES, NUGUEZ.

NUGUEZ, *à Giafferri.*

Monseigneur! monseigneur!

LE COMTE.

Eh bien! qu'y a-t-il?...

NUGUEZ.

Monseigneur! le gouverneur de Gênes, président du sénat, vient d'entrer dans ce palais. Il demande à vous entretenir à l'instant même.

TOUS.

Le gouverneur de Gênes!

LE COMTE.

Et que peut-il me vouloir?

NUGUEZ.

Ses gens m'ont appris qu'il est sur les traces d'un meurtrier, et que le coupable se trouve en ce moment même dans ce château.

GIAFFERRI, *à part.*

Grand Dieu!

LE MARQUIS.

Un meurtrier dans mon palais! (*Allant aux invités.*) De grâce, excusez le retard apporté à la cérémonie. (*Au Comte.*) Il faut vous hâter!...

GIAFFERRI, *à part, au Marquis.*

Je compte sur votre fermeté. (*Haut.*) Pardon, monsieur le marquis... Madame... à bientôt... à bientôt...

Il sort. Tous les invités le suivent.

LE MARQUIS, *à Térésita.*

Rentrez dans votre appartement... on vous préviendra dès que le comte sera de retour. (*A la Marquise.*) Vous, madame, restez.

TÉRÉSITA.

Ma mère!

LA MARQUISE, *bas, à sa fille.*

Courage! ta mère veille sur toi.

TÉRÉSITA, *à part.*

Et Jacobi!... S'il rentre au château, il est perdu!

Elle entre dans sa chambre. Paula sort par le fond.

SCÈNE VII.

LE MARQUIS, LA MARQUISE.

LE MARQUIS.

Maintenant nous sommes seuls. Ainsi, madame, vous voulez me disputer votre fille?

LA MARQUISE.

Je veux m'opposer à une union qu'elle déteste.

LE MARQUIS.

Vous oubliez donc quels sont mes droits!

LA MARQUISE.

Pour que je respecte les vôtres, souvenez-vous des miens.

LE MARQUIS.

Vos droits! Est-ce bien à vous de parler des droits d'une mère, lorsque vous avez si indignement méconnu les devoirs de l'épouse?

LA MARQUISE.

Que voulez-vous dire?

LE MARQUIS.

C'est cela! Feignez de ne pas me comprendre! Ajoutez l'hypocrisie à l'injure!

LA MARQUISE.

Encore une fois, que voulez-vous dire?

LE MARQUIS.

Eh bien, je veux dire que si j'impose à Térésita un mariage qu'elle abhorre, c'est pour me venger de vous, oui, de vous qui avez déchiré mon cœur des horribles tourments de la jalousie; de vous, qui avant notre mariage avez aimé Alphonse de Castellare...

LA MARQUISE.

Quoi! vous pouvez croire...

LE MARQUIS, *montrant une lettre.*

Reconnaissez-vous cette écriture?...

LA MARQUISE.

Grand Dieu!

LE MARQUIS.

De vous enfin, qui devenue ma femme, m'avez encore outragé par vos entrevues avec cet homme...

LA MARQUISE.

Jamais... jamais!

LE MARQUIS.

Jamais, dites-vous... Mais alors pourquoi donc est-il venu dans mon parc? pourquoi vous a-t-il parlé secrètement auprès du pavillon de Térésita... le jour de l'incendie?

LA MARQUISE.

Ciel!... Ecoutez... écoutez-moi...

LE MARQUIS.

Ah! vous pâlissez... Mais je ne veux pas vous entendre. Que diriez-vous pour vous justifier? Vous l'aimiez, vous l'aimiez, vous dis-je... Cette lettre, cette rencontre dans mon parc, tout vous accuse. Et après avoir été ainsi outragé, je ne serais pas le maître de la destinée de Térésita! Je ne vous rendrais pas dans votre fille toutes les tortures dont vous avez déchiré mon âme! Mais vous avez donc oublié ce que c'est que ma volonté, ce que c'est que ma vengeance! La vue de cette lettre me rend le sentiment de ma force, de ma dignité, de ma juste colère... Béatrix, allez trouver votre fille, allez, vous dis-je, et annoncez-lui qu'il faut m'obéir, car je ne suis plus votre époux, je suis votre juge!

BÉATRIX.

Ecoutez-moi...

LE MARQUIS.

Vous refusez de m'obéir! Eh bien, je vais moi-même appeler votre fille, afin qu'elle entende son arrêt de votre bouche... Térésita... Térésita...

PAULA, *sortant de la chambre.*

Madame, monseigneur, votre fille...

LE MARQUIS ET BÉATRIX.

Eh bien!...

PAULA.

Elle n'est plus dans son appartement.... mais cette lettre que j'ai trouvée...

LA MARQUISE.

Une lettre de ma fille...

LE MARQUIS, *prenant la lettre.*

Laisssez, je vais lire, madame. « Ma mère, j'ai tout entendu... Le désespoir est dans mon âme. Pardonne-moi: à cet odieux mariage je préfère la mort... »

PAULA ET LA MARQUISE.

La mort!...

LA MARQUISE.

Ah! je suis folle! cela n'y est pas! (*Prenant la lettre et lisant*). « Je préfère la mort! » Ah! mais vous le voyez bien, c'est vous qui l'avez poussée au désespoir!... Et moi, sanctifiée par vingt années de devoirs accomplis, il m'accusait, tandis qu'il me tuait mon enfant! (*A Paula.*) Mais où est-elle? réponds... de quel côté s'est-elle dirigée?... Parle... oh! parle...

PAULA.

On l'a vue courir dans le parc, de ce côté...

LE MARQUIS.

Vers le lac!...

LA MARQUISE.

Ah! malheureuse!

LE MARQUIS.

A moi!... quelqu'un! (*Des domestiques paraissent.*) Qu'on ramène Térésita! Par là, par là... courez...

LA MARQUISE, *avec éclat.*

Mais venez donc vous-même, monseigneur, et

priez Dieu qu'elle existe encore, ou tremblez, car je ne suis plus une femme, je suis une mère!...

Ils sortent.

SCÈNE VIII.

LE COMTE, *puis* JACOBI.

LE COMTE, *venant du fond du côté opposé à celui par lequel le marquis est sorti.*

D'où vient ce tumulte? ces gens courant de côté et d'autre... Et le marquis lui-même!... n'importe! je respire... la présence du gouverneur... ce mot de meurtrier... tout cela m'avait alarmé, mais je n'ai rien à redouter... J'y songe! si la marquise avait obtenu de son époux un ajournement à mon mariage?... Oh! non c'est impossible!... le marquis aura résisté aux vœux d'une femme dont la conduite l'offense... Et Térésita est à moi!...

JACOBI, *paraissant.*

Pas encore!

LE COMTE.

Vous!... que venez-vous faire ici?

JACOBI.

Empêcher ton mariage avec Térésita, ma fiancée.

LE COMTE.

Toi... malheureux!

JACOBI.

Ou bien, si tu veux devenir son époux, viens du moins me la disputer les armes à la main, et que Térésita ne t'appartienne que lorsque mes yeux ne pourront plus contempler votre exécrable union.

LE COMTE.

Un duel avec toi, misérable! Je vais...

JACOBI.

Arrête!... Tu refuses de te battre, et tu oses te dire gentilhomme?

LE COMTE.

Et c'est justement parce que je suis un gentilhomme, parce que je suis le comte Giafferri, que je refuse de me mesurer avec un inconnu; car enfin, qui es-tu?

JACOBI.

Eh qu'importe qui je suis?

LE COMTE.

Oui, qui es-tu? tu ne réponds pas... Tu es un homme sans nom, sans famille, que le marquis de Casaréale a reçu chez lui sans le connaître, sans même avoir pris un renseignement sur lui; et parce qu'il te plaît de me jeter au visage l'insulte et l'offense, tu veux que je te rende raison comme à un gentilhomme, tu veux que je me batte avec toi; mais c'est de la folie, de l'égarement...

JACOBI.

Eh bien, oui, la haine égare ma raison, oui, je suis ton ennemi, car du premier jour où nous nous sommes rencontrés ici, j'ai senti comme un instinct de colère et de vengeance qui m'animait contre toi; je ne t'avais jamais vu, comte Giafferri, et pourtant il me semblait que je te reconnaissais; ce n'était pas à ton visage, ce n'était pas à ta voix, et cependant je te reconnaissais!... Je ne sais si ta présence donne à mon langage un accent prophétique, mais avant de te trouver ici pour mettre obstacle à mon amour, à mon bonheur, il me semble que déjà tu avais dû passer fatalement dans mon existence... Un jour, une nuit de malheur!... Mais où donc nous sommes-nous rencontrés?... Réponds, réponds-moi donc, je le veux!

Il lui presse la main avec violence.

GIAFFERRI.

Mais, toi qui m'interroges, réponds d'abord, et dis-moi qui tu es; car moi aussi je suis ton ennemi!... car cet instinct de colère et de rage dont tu parles, moi aussi j'en suis animé contre toi; car enfin il m'a semblé comme à toi que nous avions dû nous rencontrer déjà; mais qui donc es-tu? Réponds, réponds, moi aussi je le veux!...

JACOBI, *élevant jusqu'à lui la main du Comte.*

Que vois-je!... Cette blessure d'où te vient-elle?

LE COMTE.

Et que t'importe à toi?..

JACOBI.

Cette croix, c'est moi qui te l'ai faite.

LE COMTE.

Toi!...

JACOBI.

Oui, il y a dix ans, à Gênes, dans l'auberge de la Madone...

LE COMTE.

Malheureux!

JACOBI.

Cette croix, elle t'accuse... le meurtrier d'Alphonse de Castellare, c'est toi!

LE COMTE.

Mensonge, mensonge!

JACOBI.

Je te reconnais maintenant; c'est toi, oui, c'est toi qui es l'assassin...

LE COMTE, *après un moment.*

Mais alors c'est toi qui es Léontio... je te reconnais aussi, moi...

JACOBI.

Oui, Léontio injustement condamné à ta place; mais l'heure de la justice est venue, je te démasquerai, Giafferri; innocent, je vais me faire rendre l'honneur...

LE COMTE.

Et moi, je vais faire exécuter l'arrêt qui te condamne... J'épouserai ta fiancée, et toi, tu mourras!...

JACOBI.

Non, car j'aurai ta vie!... En garde.

LE COMTE.

M'y voici!

Ils se portent différents coups d'épée. Bientôt Léontio est désarmé; le comte va le frapper, lorsque Piétro paraît au fond, armé d'une arquebuse.

PIÉTRO, *couchant en joue le Comte.*

N'approche pas, ou je te tue!...

JACOBI.

Piétro !

PIÉTRO.

On vient t'arrêter, fuyons !

JACOBI.

Nous nous retrouverons, Giafferri...

LE COMTE.

Mort ou vivant, tu ne m'échapperas pas !

Piétro se retourne et couche en joue le Comte jusqu'au baisser du rideau.

ACTE QUATRIEME.

L'intérieur de la forteresse de Gênes ; au fond, le port. Des poteaux auxquels sont attachés des groupes de prisonniers corses. Soldats génois aux portes. Piétro est couché sur de la paille près d'un poteau placé à l'avant-scène.

SCÈNE PREMIÈRE.

GHISONI.

Le canon se tait ! il paraît que l'affaire devient moins chaude. Ah ! les Corses, voulaient nous faire la loi jusqu'au milieu de notre ville de Gênes ! Par saint Jean ! nous verrons !... Mais qu'entends-je?... Ah ! de nouveaux prisonniers corses qu'on amène !...

SCÈNE II.

LES MÊMES, NOUVEAUX CORSES *amenés par un officier*.

GHISONI.

Par-ici, par-ici !... A voir les traits de ces hommes, on peut jurer qu'ils ont chaudement pris part à l'action. Sentinelles, l'arme au poing, et le premier qui bouge, à mort !... (*Prenant le nouvel Officier à part.*) C'est égal, je ne trouve pas que le lieutenant criminel ait sagement fait de nous expédier ici tant de prisonniers... La garnison du fort se trouve déjà beaucoup diminuée par suite des soldats qu'elle a fournis pour arrêter la sédition des Corses, et l'on pourrait craindre... Mais voici le comte Giafferri !... Silence !...

SCÈNE III.

LES MÊMES, GIAFFERRI, GHISONI.

GIAFFERRI.

Que l'on renferme les prisonniers dans les cachots de la forteresse, qu'ils soient étroitement gardés... Demain une cour martiale nommée à cet effet par le sénat instruira leur procès. (*A Ghisoni.*) Vous, veillez à la garde des portes de la tour. Les Corses révoltés ont, dit-on, l'intention de s'y présenter... qu'ils nous trouvent prêts à les recevoir... (*A l'autre officier.*) Quant à vous, préparez tout pour le supplice du condamné que j'avais confié à votre vigilance; l'exécution aura lieu ce matin même. C'est ici, sur cette plateforme, que justice sera faite en présence des prisonniers réunis, afin que cet exemple leur apprenne le sort qui les attend..... ainsi le veulent les décrets du sénat. Allez.

GHISONI, *à Piétro.*

Allons, toi, veux-tu te lever et me suivre, vieux fou ?

GIAFFERRI.

Qu'il reste ici.

Sortie générale des Prisonniers et des Soldats.

SCÈNE IV.

GIAFFERRI, PIÉTRO.

GIAFFERRI *à part.*

Léontio mort, Térésita malgré ses refus sera à moi, et j'aurai enfin par un mariage cette fortune que jadis j'ai voulu acquérir. Le voilà celui qui fut mon complice. (*Appelant.*) Piétro ! Piétro !...

PIÉTRO, *toujours idiot.*

Qui m'appelle ?

GIAFFERRI.

C'est moi ! n'aie pas peur !

PIÉTRO.

Peur ! (*Il se met à rire.*) Ha ! ha ! ha !

GIAFFERRI.

Tu ne m'en veux donc pas de t'avoir fait entrer ici ?

PIÉTRO.

Ici ! je suis très-bien ! vous êtes bien bon !

Il continue à rire avec idiotisme.

GIAFFERRI.

Dis-moi, Jacobi... Léontio, tu sais bien... pourquoi l'as-tu fait fuir ? Et Térésita ! comment se fait-il que tu te sois trouvé dans le parc, hier, pour la sauver des flots ?... Rien ! rien !...

PIÉTRO, *apercevant une bouteille sur un banc.*

Du vin !

GIAFFERRI.

Allons, il n'y a rien à obtenir de lui, c'est de la folie complète. C'est égal, puisque j'ai pu le faire enfermer ici malgré sa démence, en l'accusant d'avoir voulu attenter à mes jours, je saurai bien me débarrasser tout à fait de lui.

SCÈNE V.

GIAFFERRI, PIÉTRO, GHISONI.

GHISONI.

Monseigneur, deux femmes se présentent aux

portes de la tour et demandent à vous parler sur-le-champ.

GIAFFERRI.

Deux femmes, dis-tu?

NICOLO.

La signora Térésita de Casaréale et sa mère!

GIAFFERRI.

Térésita! que peut-elle me vouloir?

NICOLO.

Cette lettre vous l'apprendra peut-être.

GIAFFERRI.

Une lettre de Térésita!... « Sauvez la vie de Léontio, et je vous suivrai à l'autel!... » Qu'ai-je lu!... Enfin, elle a consenti à accepter cette offre que je lui avais faite. Qu'on laisse entrer la marquise de Casaréale et sa fille! qu'on les introduise jusqu'ici!... Allez, allez.

Nicolo sort. Piétro disparaît aussi aux yeux des spectateurs.

GIAFFERRI, *seul, relisant la lettre de Térésita.*

« Sauvez la vie de Léontio, et je vous suivrai à l'autel. » Mais elle l'aime donc bien, pour faire un pareil sacrifice! elle l'aime, et cet homme vivrait! Oh! mais non... je serai en apparence le sauveur de Léontio... mais lorsque Térésita sera à moi, je ne laisserai pas la liberté à un rival dangereux.

SCÈNE VI.

GIAFFERRI, GHISONI, BÉATRIX, TÉRÉSITA.

BÉATRIX.

Monseigneur, cédant aux instances de ma fille, je suis venue jusqu'ici avec elle, à travers les dangers de la révolte, pour vous demander si Léontio existe encore, si la lettre de Térésita n'est pas arrivée trop tard.

LE COMTE.

Rassurez-vous, madame... Léontio existe... Il sera mis en liberté aussitôt que les événements me permettront de demander sa grâce, que je suis sûr d'obtenir.

TÉRÉSITA.

Sa grâce! Ah! Dieu soit béni!... (*A Giafferri.*) Mais, monseigneur, ne pouvez-vous adoucir sa captivité, lui faire ôter ses chaînes, le laisser libre dans la forteresse?... (*A part.*) Si je pouvais lui parler!

GIAFFERRI.

Signora, je voudrais vous prouver mon empressement à vous complaire; mais Léontio consentira-t-il à accepter de moi la liberté que je vais lui offrir?

BÉATRIX.

Eh bien, laissez-moi pénétrer jusqu'à lui... Oui, ma fille, c'est à moi de le voir, de lui parler, de le convaincre, enfin!

GIAFFERRI, *à part.*

A merveille!... (*Haut.*) Eh bien, madame, je vais donner l'ordre qu'on vous introduise auprès de lui... Mais en exécutant ainsi vos désirs, puis-je compter, signora, que vous-même vous serez fidèle à votre parole?

BÉATRIX.

Ah! pouvez-vous douter, monseigneur?...

TÉRÉSITA.

Qu'il vive, et je tiendrai mon serment.

Giafferri remonte vers le fond et donne des ordres à Ghisoni. Pendant ce temps, Béatrix est à l'avant-scène avec sa fille.

BÉATRIX.

Console-toi, il sera libre... Et pourtant, s'il était coupable!

TÉRÉSITA.

Coupable! lui, ma mère! Oh! c'est impossible!

BÉATRIX.

Songe donc qu'un jugement infâme l'a condamné... songe au malheur d'un mariage avec cet homme.

Elle désigne Giafferri.

TÉRÉSITA.

O ma mère! laisse-moi mon courage! Le sauver d'abord, et puis le reste... ah! Dieu nous l'inspirera!...

GIAFFERRI, *à Béatrix.*

Mes ordres sont donnés. Vous pouvez venir, madame.

BÉATRIX *à sa fille.*

Rassure-toi, mon enfant. (*A Giafferri.*) Me voici, monseigneur.

GIAFFERRI, *à part.*

Oh! je ne les perdrai pas de vue!...

SCÈNE VII.

TÉRÉSITA, *puis* PIÉTRO, *qui est revenu se coucher sur la paille.*

TÉRÉSITA.

Qu'il vive, mon Dieu! et je ne regretterai pas mon malheur!... Ciel! Piétro!...

PIÉTRO, *riant avec idiotisme.*

Oui, moi! Ha! ha!

TÉRÉSITA.

Toi ici prisonnier! Ah! oui, et j'avais oublié!... c'est en voulant défendre Léontio que le comte t'a fait saisir. Pauvre Piétro! j'obtiendrai ta grâce. (*Voyant une lettre dans la main de Piétro.*) Mais qu'a-t-il donc là dans la main? Cet écrit, pour moi?

PIÉTRO.

Oui, oui.

TÉRÉSITA.

De Léontio, peut-être! Donne, donne. Ce n'est pas son écriture!... Ce pauvre fou ne se trompe-t-il pas?... Pour moi?...

PIÉTRO, *riant.*

Pour vous. Ha! ha! ha!

TÉRÉSITA.

Eh bien, n'importe! lisons. Que vois-je! cette signature d'Alphonse de Castellare!... Qu'ai-je lu! quel bonheur! achevons!... Ah! grand Dieu!... Piétro! qui t'a donné cette lettre?... Piétro, réponds, réponds-moi. Il ne me comprend plus!... Ah! malheur! et ne pouvoir apprendre... Mais c'est un rêve affreux! Oh! non! voici la lettre, la lettre fatale ! Ah ! c'est la réalité !... « A André « Castellare, gouverneur de Gênes. Cher André, » je meurs assassiné par le comte Giafferri ! A toi » de me venger, à toi de remplir un dernier » vœu... Si Béatrix de Casaréale vient à mourir, » protége son enfant, car c'est le mien... » Ah ! je doute encore que cela existe ! Giafferri l'assassin ! et ne pouvoir l'accuser sans déshonorer ma mère !... Mes idées se confondent ! ma tête s'égare ! Piétro, je t'en prie, regarde-moi, reconnais-moi, Térésita... parle, parle... Mon Dieu ! mon Dieu ! prends pitié de moi !...

Piétro, retombé dans son idiotisme, se lève et sort.

SCÈNE VIII.

TÉRÉSITA, LÉONTIO, GIAFFERRI, BÉATRIX.

LÉONTIO, *sortant de son cachot.*

Jamais ! jamais, vous dis-je ! plutôt la mort !...

TÉRÉSITA.

Léontio !

LÉONTIO.

Térésita, qu'ai-je appris ! est-il vrai que vous ayez voulu sauver mes jours au prix d'un mariage avec Giafferri ?

TÉRÉSITA, *à sa mère.*

Ah ! tu lui as donc avoué ?...

LÉONTIO.

J'ai arraché la vérité à votre mère ! Ainsi vous avez cru pouvoir payer ma tendresse en me faisant accorder la vie ! Combien peu il fallait que vous eussiez d'amour pour moi pour avoir consenti à ce pacte odieux !... Mais moi, entendez-vous, je vous aurais sacrifié cent existences si je les avais eues, plutôt que d'être à ce point infâme et parjure. Vous ne m'aimez point, vous ne m'avez jamais aimé, Térésita, vous qui avez si facilement cédé aux vœux de mes ennemis !... Mais votre sacrifice sera inutile ; je périrai malgré vous : si l'on me rend par force la liberté, j'irai me jeter dans la mêlée des Corses contre les Génois, je me ferai prendre les armes à la main, alors il faudra bien que l'on me juge encore ! que l'on me tue, enfin ! et mon sang versé retombera sur vous !...

TÉRÉSITA.

Taisez-vous ! taisez-vous ! ce mariage ne se fera pas.

LE COMTE, *paraissant.*

Signora ?

TÉRÉSITA.

Jamais je ne serai votre femme.

BÉATRIX.

Que dit-elle ?...

LE COMTE.

Térésita ! revenez à vous, je ne puis croire que vos paroles soient la vérité ; souvenez-vous de ce que vous me disiez tout à l'heure !

TÉRÉSITA.

Tout à l'heure, j'ignorais encore...

BÉATRIX.

Parlez !...

TÉRÉSITA.

Eh bien, ma mère... ah !... non, c'est impossible !... rien ! rien !

BÉATRIX.

Mon Dieu ! qu'a-t-elle donc ?

LE COMTE.

Mais... Térésita ! de grâce !... pour la dernière fois... Songez à votre position, à celle de votre mère, à la mienne, à vos promesses... enfin, au contenu de cette lettre écrite par vous...

TÉRÉSITA.

Non, je n'ai pu l'écrire, et ce qu'elle contient, je le démens.

GIAFFERRI.

Ah ! mais alors vous avez donc prétendu vous jouer de moi ?... Songez-y bien, Térésita ; Léontio est encore en mon pouvoir. Vous ne répondez pas ? vous refusez toujours ! Eh bien donc, haine et malédiction à vous deux ! Aime-la bien, Léontio ! surtout profitez de vos derniers moments, car bientôt le supplice va vous séparer !...

TÉRÉSITA.

Le supplice !...

SCÈNE IX.

BÉATRIX, LÉONTIO, TÉRÉSITA.

LÉONTIO.

O Térésita ! vous avez repoussé ses vœux ; soyez bénie, je mourrai avec joie !

TÉRÉSITA.

Mourir !...

BÉATRIX, *à Térésita.*

Mon Dieu ! mais je ne reviens pas encore de ma surprise !... Tout à l'heure, pour sauver Léontio, tu consentais à t'unir à Giafferri, et maintenant tu le laisserais périr ?... Pourquoi donc ce changement subit ?...

TÉRÉSITA.

Parce que, même pour sauver la vie de Léontio, je ne puis accepter pour époux l'assassin d'Alphonse de Castellare !

BÉATRIX.

L'assassin !... Que dis-tu ?... mais enfin, qui donc est le coupable ?...

TÉRÉSITA.

C'est Giafferri !...

BÉATRIX.

Giafferri !

LÉONTIO.

Qui vous l'a dit ?...

TÉRÉSITA.

J'en ai la preuve.

LÉONTIO.

Vous ?...

BÉATRIX.

Oh ! donne, donne-la-moi !

TÉRÉSITA.

Je ne puis... Malheureuse que je suis !

BÉATRIX.

Comment ! tu hésites ?...

TÉRÉSITA.

Oh! si tu savais, ma mère!...

BÉATRIX.

Que puis-je savoir, sinon que Léontio est accusé d'un crime infâme ?

TÉRÉSITA.

Mais cette preuve ferait une autre victime.

LA MARQUISE.

Qu'importe? qu'il soit sauvé, lui!...

TÉRÉSITA.

Mais j'accuse une personne qui m'est chère.

LA MARQUISE.

Mais est-il rien de plus cher que l'innocent qui va périr?...

LÉONTIO.

Cette preuve! cette preuve!

LA MARQUISE.

Eh bien?

TÉRÉSITA.

Eh bien! c'est toi qu'elle accuse, c'est toi qu'elle tue.

LA MARQUISE.

Moi!

LÉONTIO.

Elle!

LA MARQUISE.

Oui, cette preuve, c'est une lettre d'Alphonse mourant: elle accuse Giafferri du meurtre; mais moi, elle me déshonore!... Oh! n'importe! avant ma réputation, son salut.

LÉONTIO, *à Béatrix.*

Qu'allez-vous faire?...

BÉATRIX.

Mon devoir... confondre l'assassin... et vous sauver...

LÉONTIO, *arrachant la lettre.*

Et moi, je ne le veux pas!

BÉATRIX.

Malheureux!...

TÉRÉSITA.

Ah! perdu! perdu! on vient!

SCÈNE X.

LES MÊMES, GHISONI, SOLDATS.

GHISONI.

L'heure est arrivée; retirez-vous.

BÉATRIX, *à Léontio,*

Je ne vous laisserai pas accomplir un pareil sacrifice... Oh! rendez, rendez-moi cet écrit!

LÉONTIO.

Jamais! jamais!

TÉRÉSITA.

Léontio, par pitié!

LÉONTIO.

Ma résolution est inébranlable.

GHISONI, *à BÉATRIX.*

Vous ne pouvez rester plus longtemps avec le condamné.

TÉRÉSITA.

Le quitter...

BÉATRIX.

Eh bien, oui, viens, ma fille... je le sauverai malgré lui.

Elles sortent précipitamment. Après leur départ, les Prisonniers corses sous la garde des Soldats génois, viennent se ranger des deux côtés du théâtre. Au fond des hommes d'armes ont placé un billot sur lequel est une hache.

SCÈNE XI.

LÉONTIO, GIAFFERRI, SOLDATS.

GIAFFERRI, *désignant le billot.*

Tu vas mourir!

LÉONTIO.

Je suis prêt!

GIAFFERRI.

Regarde.

LÉONTIO, *tournant négligemment la tête.*

Espère-tu me faire trembler?

GIAFFERRI.

Térésita m'appartiendra.

LÉONTIO.

Jamais!

GIAFFERRI.

Dans une heure!

LÉONTIO.

Assassin d'Alphonse de Castellare!

GIAFFERRI.

Qu'importe?

LÉONTIO.

Elle le sait...

GIAFFERRI.

Oh! cela n'est pas!

LÉONTIO.

Elle a vu la preuve de ton crime...

GIAFFERRI.

Grand Dieu!

LÉONTIO.

Ah! toi qui me parlais de frayeur, voilà que tu trembles maintenant...

GIAFFERRI.

Parle, au nom de ton salut... cette preuve! cette preuve!

Cette scène à lieu a voix basse.

GHISONI, *accourant.*

Monseigneur, tout était prêt pour le supplice, on a vainement cherché dans la forteresse, le bourreau a disparu.

GIAFFERRI.

Disparu!... Voilà qui est étrange... Mais alors nous sommes donc trahis?... (*A l'Officier.*) Attendez. (*A Léontio.*) Un dernier mot... Dis-moi quelle est cette preuve, et j'ajournerai ton supplice.

LÉONTIO.

L'ajourner!... Ah! c'est trop peu!

GIAFFERRI.

Parle, parle!... Quelle est donc cette preuve?

LÉONTIO.

Une lettre du comte de Castellare expirant.

GIAFFERRI.

Ciel!... Oh! mais, c'est impossible!

LÉONTIO.

C'est la vérité.

GIAFFERRI.

L'as-tu en ton pouvoir ?

LÉONTIO.

Peut-être.

GIAFFERRI.

Donne-la-moi, et je te sauve.

LÉONTIO.

Allons donc! voilà ce que je voulais te faire dire.

GIAFFERRI.

Ah! mais tu mens... cette preuve, tu ne l'as pas... tu ne peux pas l'avoir!

LÉONTIO, *montrant une lettre.*

La voilà!... « Je meurs assassiné par Giafferri. » Signé Alphonse de Castellare. »

GIAFFERRI.

Grand Dieu!... Donne, donne.

LÉONTIO.

Jamais! car cette lettre renferme un autre secret que celui de ton crime... mais ce secret, plutôt que de le livrer, je subirais mille morts... Sois donc rassuré. (*Il s'approche d'un Soldat tenant une torche et brûle la lettre.*) Tu vois bien que tu n'as plus rien à craindre... J'ai seulement voulu te faire voir lequel de nous deux tremblait le plus... Maintenant tu peux impunément me tuer... Appelle d'autres bourreaux, je suis prêt.

GIAFFERRI.

Ils ne se feront pas attendre!... Ah! tu me railles... eh bien! à mon tour... Pour verser un sang tel que le tien, la main d'un Gênois serait trop noble encore... c'est celle d'un Corse qu'il faut choisir... A défaut du bourreau, c'est un captif qui doit être chargé d'exécuter l'arrêt de mort... Allons, qu'un de vous se prononce; sa grâce est à ce prix, la loi est formelle... Eh bien! ils gardent le silence!

LÉONTIO.

Ah! tu les avais mal jugés... pas un ne voudrait racheter sa vie par un acte infâme.

GIAFFERRI.

Quoi, pas un seul!

PIÉTRO, *accourant à l'improviste.*

Moi!

TOUS.

Piétro!

PIÉTRO, *avec idiotisme.*

Oui, moi!... Ma grâce! je veux ma grâce!

GIAFFERRI.

Eh bien donc, que Piétro soit l'instrument de ma justice. (*Lui donnant la hache.*) Tiens!... tiens!...

LÉONTIO.

Dis plutôt de ta vengeance... Eh quoi! Piétro, toi qui tant de fois m'as donné des preuves d'intérêt, de dévouement, c'est toi, qui pour me tuer, viens d'accepter l'office infâme du bourreau.

GIAFFERRI, *à Piétro.*

Frappe! mais frappe donc!

LÉONTIO.

Ah! pauvre fou, que Dieu lui pardonne!

PIÉTRO.

Moi! ton bourreau!... non, mais le sien... (*Il frappe Giafferri et le tue.*) Et maintenant, Corses, aux armes!... et mort aux Gênois!

LES CORSES.

A mort les Gênois!

Mêlée générale.

ACTE CINQUIEME.

Une galerie du palais de Casaréale. La nuit. Pendant tout l'acte, bruit de cloches et de canon au loin.

SCÈNE PREMIÈRE.

LE MARQUIS DE CASARÉALE, OFFICIERS, SÉNATEURS.

TOUS, *en voyant entrer le Marquis.*

Le marquis de Casaréale!

LE MARQUIS.

Oui, moi, messeigneurs, rassurez-vous; les Corses qui ont levé l'étendard de la rébellion entendront ma voix. Ils se souviendront que le marquis de Casaréale est leur compatriote; ils croiront à mes promesses, à l'amnistie que je leur propose de votre part; enfin, la proclamation que je leur ai adressée aura le pouvoir, je l'espère, de les rappeler à l'ordre et à la raison... Mais qu'entends-je?...

SCÈNE II.

LES MÊMES, GHISONI, *arrivant pâle, défait.*

GHISONI.

Monseigneur! monseigneur!

LE MARQUIS.

Vous, Ghisoni!... qu'y a-t-il?... quelles nouvelles de la forteresse?...

GHISONI.

Monseigneur, les prisonniers corses se sont révoltés; ils ont égorgé la garnison gênoise, et se sont ensuite répandus dans la ville où ils sèment la terreur!

TOUS.

Grand Dieu!

LE MARQUIS.

Et le comte Giafferri?

GHISONI.

Tué d'un coup de hache.

LE MARQUIS.

Tué!

GHISONI.

Par Piétro le fou... En vain nous avons voulu le venger. Sa mort a été le signal de l'insurrection; la garnison affaiblie n'a pu résister aux prisonniers trop nombreux... un horrible carnage a ensanglanté la tour... les portes ont été brisées... Nous avons dû fuir, et le peu de braves qui ont survécu à cette affreuse mêlée attendent dans la cour de votre palais le moment de combattre encore et de venger leurs compagnons.

LE MARQUIS.

Les prisonniers libres! Giafferri tué!... Ah! nous n'avons plus rien à attendre que de nous-mêmes. Messeigneurs, je n'ai à espérer ni pitié ni merci des révoltés, eh bien! quoiqu'il m'en coûte de prendre les armes contre les Corses, j'ai fait le serment d'être fidèle au gouvernement gênois, et ce serment, je le tiendrai. Le comte Giafferri est mort; si vous y consentez, je le remplacerai dans le commandement des troupes qui nous restent encore.

TOUS.

Oui, oui!

LE MARQUIS.

A la tête de l'escorte qui se trouve en ce moment dans le palais, marchons aux révoltés, et comprimons la sédition, ou vendons chèrement notre existence...

TOUS.

Allons, allons... Aux rebelles! aux rebelles!

LE MARQUIS.

Vous, Ghisoni, je vous laisse avec quelques soldats pour défendre ce palais... Si vos efforts pour le disputer aux Corses deviennent impuissants, mettez-y le feu, et que rien de ce qu'il renferme ne tombe au pouvoir des ennemis.

SCÈNE III.

LES MÊMES, BÉATRIX, TÉRÉSITA.

BÉATRIX.

Monseigneur, qu'allez-vous faire?... vous nous abandonnez, et seules au milieu de la nuit.....

LE MARQUIS, *avec ironie.*

Qu'avez-vous donc à redouter?... Si les Corses vainqueurs pénètrent ici, vous leur rappellerez votre tendresse pour Léontio, et ils vous épargneront sans doute... Allons, allons, aux rebelles!

TOUS.

Aux rebelles! aux rebelles!

SCÈNE IV.

TÉRÉSITA, BÉATRIX.

BÉATRIX.

Mon Dieu! qu'allons-nous devenir? *(A Térésita qui s'est dirigée vers la fenêtre.)* Que fais-tu?

TÉRÉSITA.

Ma mère... Ah! sans l'obscurité de la nuit, je sortirais de ce palais pour courir à la forteresse! Si Léontio périt, je ne lui survivrai pas!

BÉATRIX.

Quel silence!

TÉRÉSITA.

Oui! on n'entend même plus le tintement des cloches qui appelaient le peuple aux armes!... Corses et Gênois, tous ont disparu dans les ténèbres, et ce calme m'épouvante encore plus que le bruit du combat.

BÉATRIX.

Mon Dieu! lequel des deux partis est vainqueur?

Voix du Peuple au dehors.

TÉRÉSITA, *regardant par la fenêtre.*

Ah!... mon père à la tête des archers gênois s'est précipité sur les révoltés; ils ont fléchi à l'ardeur de son attaque.. Peut-être à son aspect tout va rentrer dans l'ordre...

BÉATRIX, *regardant aussi par la fenêtre.*

Non; les Gênois sont repoussés!... Fatigué d'esclavage, le peuple corse est terrible et fort, car c'est sa liberté qu'il veut conquérir.

TÉRÉSITA.

Et Léontio! noble jeune homme qui pour vous sauver s'est exposé à la mort!

BÉATRIX.

Le dévouement de Léontio, je ne l'accepte pas; en vain j'ai voulu retenir le marquis de Casaréale pour lui faire connaître toute la vérité... le combat l'appelait, il ne m'a point écouté!... mais à son retour je parlerai; oui, je briserai les fers de Léontio?... Mais que dis-je?... cette preuve qui pouvait le justifier, s'il l'a gardée malgré moi, sans doute c'était pour l'anéantir!... Le marquis refusera de me croire; il dira qu'au prix même de mon honneur, du sien, je veux soustraire au bourreau l'homme que tu aimes. La sédition des Corses le rendra plus sévère, plus implacable encore!... Mon Dieu, mon Dieu! faites que Léontio soit vivant, faites que je puisse le sauver!

On entend des coups de feu au dehors.

TÉRÉSITA.

Ma mère, entends-tu? on se bat autour du palais; on veut l'envahir peut-être!...

BÉATRIX.

Si les Corses étaient vainqueurs!... s'ils pénétraient jusqu'ici!

Silence au dehors.

TÉRÉSITA.

Le bruit a cessé!... (*Les deux femmes s'entre-regardent un moment. Térésita court à la fenêtre.*) Ah! ma mère, dans la cour un homme... Il se dirige vers l'escalier qui conduit à cette galerie!...

BÉATRIX.

Un de nos serviteurs, le marquis peut-être?...

TÉRÉSITA, *allant à la porte.*

Non!... On vient, on marche... il est là! perdues!.. Va-t'en, va-t'en, ma mère!

BÉATRIX, *l'enlaçant dans ses bras.*

Non, je reste! S'il faut mourir on me frappera la première!...

Un Homme blessé, l'épée au poing, se précipite dans la chambre.

SCÈNE V.

LES MÊMES, LÉONTIO.

BÉATRIX *et* TÉRÉSITA, *le reconnaissant*.

Léontio!...

Elles se jettent dans ses bras.

BÉATRIX.

Il existe!

TÉRÉSITA.

Blessé!

LÉONTIO.

Rien, ce n'est rien!... j'ai été blessé en me frayant un passage jusqu'ici. La révolte est terrible. Vainqueurs sur plusieurs points, les Corses seront bientôt les maîtres de la ville... vos jours sont en danger. Mort aux Gênois! tel est le cri qui vole de bouche en bouche! On frappe sans pitié, et je suis venu pour vous soustraire au massacre, ou mourir en combattant pour vous!

BÉATRIX.

Et le marquis de Casaréale?

LÉONTIO.

A la tête de ses troupes, je l'ai vu combattre vaillamment. Mais que pourra-t-il contre le nombre?.. Votre cause est perdue, vous dis-je. Il faut profiter de la nuit, gagner par des rues détournées les portes de la ville!... Je vous guiderai, je vous défendrai! Quoique blessé, j'ai de la force encore!... Venez, venez!...

BÉATRIX.

Fuir! mais c'est impossible.

TÉRÉSITA.

Suivons-le, ma mère, et fions-nous à lui!

Ils se dirigent tous les trois vers le fond. Le Marquis paraît.

SCÈNE VI.

LES MÊMES, LE MARQUIS.

LE MARQUIS.

Léontio, vous ici!...

BÉATRIX.

Ah! monseigneur, écoutez-moi, et sachez enfin...

LE MARQUIS.

Silence, madame! Que diriez-vous pour le justifier?... Corses et Gênois combattent dans les rues; qui peut donc amener un ennemi chez moi, à cette heure?.. Assassin de Castellare, toi qui es cause la mort de Giafferri; toi qui as échappé au bourreau, viens-tu jusqu'ici pour tenter ma générosité? Ne sais-tu pas que si l'hospitalité te met à l'abri de mon épée, elle ne te préservera pas du moins de mes insultes et de mon mépris?

Bruit au dehors.

BÉATRIX.

On brise les portes du palais... Fuyez, ou vous êtes perdu!

La porte est violemment agitée.

LE MARQUIS.

Fuir, jamais! je me défendrai jusqu'au dernier battement de mon cœur. (*A Léontio.*) Quant à vous, sortez! sortez!...

LÉONTIO.

Je reste!

LE MARQUIS.

Malheureux! tu oses!...

LÉONTIO, *montrant Béatrix et Térésita.*

Marquis de Casaréale, trêve à nos haines, et mourons en combattant pour elles!... Le sang va couler; votre place n'est pas ici, éloignez-vous, éloignez-vous...

BÉATRIX *et* TÉRÉSITA.

Ah! les voici!...

Les Corses, au nombre d'une dizaine, pénètrent dans la chambre. Béatrix et Térésita tombent à genoux.

SCÈNE VII.

LES MÊMES, CORSES.

CORSES.

A mort les traîtres! à mort!...

LÉONTIO.

Arrêtez!... nous sommes des Corses comme vous!...

CORSES.

Casaréale est un traître! à mort!... Casaréale et ceux qui le défendent, à mort!

BÉATRIX *et* TÉRÉSITA.

Grâce! grâce!...

CORSES.

Point de grâce! à mort! à mort!...

Tumulte. Les Corses vont tuer Casaréale et Léontio. Piétro paraît.

SCÈNE VIII.

LES MÊMES, PIÉTRO, *en costume de gentilhomme corse.*

PIÉTRO.

Bas les armes!... bas les armes, vous dis-je!...

Les Corses obéissent.

BÉATRIX, TÉRÉSITA, LE MARQUIS *et* LÉONTIO, *ensemble.*

Piétro!...

PIÉTRO.

Je ne suis plus Piétro, mais le comte de Montalte!...

TOUS.

Montalte!

PIÉTRO.

Oui, le comte de Montalte, qui avait juré de ne reprendre son nom et son rang que lorsque enfin il aurait obtenu pour la Corse l'affranchissement et la liberté!...

LÉONTIO.

Quoi! tu n'es pas Piétro le fou?

PIÉTRO.

Non, je ne le suis pas, je ne l'ai jamais été.

(*S'adressant au Marquis.*) Ah! vous m'avez cru fou! vous m'avez traité comme un insensé!... Mais vous ne saviez donc pas que sous ce cœur en apparence flétri, battait un amour ardent de la patrie! Vous ne saviez donc pas que, si je me suis soumis à cette affreuse torture de ma raison, c'est que j'avais mon but et mes espérances! Ah! vous ne comprendrez jamais ce qu'il m'en a coûté pour feindre la folie pendant dix années entières! Que de fois mon courage a été sur le point de m'échapper!... Mais cette liberté que je devais à mon apparente folie je l'employais à voir secrètement nos amis, à les encourager, à disposer nos forces, enfin à préparer le jour de la révolte!... Il s'est fait attendre dix ans!... Mais ce jour préparé par de si longues années de souffrances et de misères, il est venu, il nous éclaire!

Une vive lueur blanche au dehors annonce le jour.

LE MARQUIS.

Eh bien, si tu es le comte de Montalte, le chef des révoltés, qu'attends-tu donc pour te venger de moi?

CORSES.

Oui, oui, à mort! à mort!...

LÉONTIO.

Si le marquis de Casaréale périt, frappez-moi donc aussi, car j'ai pris sa défense contre vous.

CORSES.

Eh bien! qu'ils meurent teus les deux! qu'ils meurent!

PIÉTRO, *s'avançant.*

Eh qui donc parmi vous osera tuer mon fils?...

TOUS.

Son fils!

LÉONTIO.

Vous, mon père!

PIÉTRO.

Oui, ton père! le proscrit, le comte de Montalte, ton père enfin, l'époux de Régina!... Eh quoi! tu doutes, tu hésites! Mais vois donc mes yeux remplis de pleurs, mes bras tendus vers toi... oh! viens, viens, que je te presse sur mon cœur!

LÉONTIO.

Mon père!

PIÉTRO.

Oui, tu es un Montalte! et si ta mère en mourant ne t'a pas appris le secret de ta naissance, c'est qu'il pouvait te perdre, ce secret.. Et comment t'appendre que tu étais mon fils sans t'exposer à te trahir par un geste, par un regard? Je voulais fuir avec toi, mais j'avais juré d'affranchir ma patrie, et je ne pouvais déserter la cause de ces braves qui avaient placé en moi toutes leurs espérances! Alors j'invoquai Dieu! et il exauça ma prière, car il m'inspira l'idée de feindre la folie pour remplir à la fois mes devoirs de père, et ceux que m'imposait le salut de la patrie!...

LE MARQUIS.

Que dit-il?

PIÉTRO.

Protecteur invisible, sans cesse. je veillais sur tes jours. Condamné à mort comme meurtrier de Castellare, c'est moi qui t'ai arraché à tes fers... Je connaissais ton innocence, et je l'aurais proclamée, mais l'heure n'était pas encore venue!... Giafferri te haïssait; je t'ai disputé à sa rage. Il t'a fait conduire dans la forteresse, je t'y ai suivi. Mais ces nombreux prisonniers, c'étaient nos amis que j'avais réunis à dessein; ce bourreau qui manquait, c'est moi qui l'avais éloigné! Enfin, si Giafferri avait respecté tes jours, j'aurais ménagé les siens; mais il a voulu ta mort! je l'ai tué!

LÉONTIO.

Mon père!...

Cris au dehors : *Victoire! victoire!* de nouveaux Corses entrent et garnissent le fond du théâtre.

PIÉTRO.

Tu l'entends, marquis de Casaréale, les Corses sont vainqueurs! Giafferri l'assassin n'est plus! A moi seul appartient le droit de disposer de ton sort.. Eh bien, si tu le veux, oublions nos vieilles haines; rallie-toi à nous tes frères, tes amis, et nous aider à consolider notre œuvre de gloire et de liberté!

BÉATRIX.

Mon ami!...

TÉRÉSITA.

Mon père!...

LE MARQUIS.

Comte de Montalte, et toi, Léontio, je vous dois la vie, l'honneur peut-être... Entre nous désormais oubli et réconciliation!

LÉONTIO.

Vive la Corse! vive l'indépendance!

TOUS.

Vive la Corse! vive l'indépendance!...

FIN.

Imprimerie de Ve Dondey-Dupré, rue Saint-Louis, 46, au Marais.

Titre	Prix
Sans Nom! myst. 1 a.	40
Un Parent millionnaire, c. 2 a.	40
Le Père de l'Enfant, c.-v. 2 a.	40
Le 3me et le 4me, v. 1 a.	30
L'Agrafe, mél. 3 a.	40
Le Mari à la ville et la Femme à la campagne, c.-v. 2 a.	40
Une Fille de l'Air, f 3 a.	40
Le Château de ma Nièce, c. 1 a.	30
La Fille d'un Militaire, c.-v. 2 a.	40
Le Tour de Faction, v. 1 a.	30
La double échelle, o.-c. 1 a.	30
Bruno le Fileur, 2 a.	40
Un Jour de Grandeur, dr. 3 a.	40
Le Tourlourou, vaud. 5 a.	50
Le Bon Garçon, op.-c. 1 a.	30
Dgenguiz-Kan, pièce en 6 t.	40
L'Officier Bleu, dr. 3 a.	40
Portier je veux de tes cheveux.	40
Rita l'Espagnole, dr. 4 a.	50
Piquillo, op.-com. 3 a.	40
Le Café des Comédiens, v. 1 a.	30
Thomas Maurevert, dr. 5 a.	50
Pauvre Mère, dr. 5 a.	50
Spectacle à la Cour, c.-v. 2 a.	40
Suzanne, com.-vaud. 2 a.	40
Le Domino Noir, op.-c. 3 a.	50
Longue-Épée, dr. 5 a.	50
Maria Padilla, en 3 a.	40
Roméo et Juliette, trag. 5 a.	50
La Folie Beaujon	30
Caligula, 5 a. par A. Dumas.	50
Marquise de Senneterre, c. 3 a.	40
L'Ile de la Folie, r. 1 a.	30
La Dame de la Halle, v. 2 a.	40
Les Saltimbanques, par. 3 a.	40
A Trente Ans, v. 3 a.	40
L'Élève de St-Cyr, dr. 5 a.	50
Marcel, dr. 4 a.	50
La Maîtresse de Langues, 1 a.	30
Le Cabaret de Lustucru, 1 a.	40
L'Interdiction, dr. 2 a.	40
La Pauvre Fille, mél. 5 a.	50
Isabelle, com. 3 a.	40
Le Mariage d'Orgueil, c.-v. 2 a.	40
La Petite Maison, c.-v. 2 a.	40
La Demoiselle Majeure, v. 1 a.	30
M. et Mme Pinchon, c.-v. 1 a.	30
Mlle Dangeville, c.-v. 1 a.	30
Arthur, c.-v. 2 a.	40
Les Suites d'une Faute, d. 5 a	50
Les Enfans du Délire, v. 1 a.	40
Matéo, d. 5 a.	50
Le Mariage en Capuchon, 2 a	40
A Bas les Hommes! v. 1 a.	40
La Bourse de Pézénas, v. 1 a.	30
Lord Surrey, dr. 5 a.	50
Duchesse! c.-v. 2 a.	40
Simon Terre-Neuve, c.-v. 1 a	30
Gaspard Hauser, dr. 4 a.	40
Les deux Pigeons, c.-v. 4 a.	40
Mathias l'Invalide, c.-v. 2 a.	40
Impressions de Voyages, v. 2 a	40
Geneviève de Brabant, mél. 4a.	40
Rafaël, dr.-com. 3 a.	40
Faute de s'entendre, com. 1 a.	30
La Femme au salon, c.-v. 2a.	40
Juana, c.-v. 2 a.	40
Les droits de la Femme, c. 1 a.	30
Moustache, c.-v. 3 a.	40
La Pièce de 24 Sous c.-v. 1 a.	30
M. de Covllin, c.-v. 1 a.	30
Fille de l'Air dans son Ménage,	30
L'Orphelin du Parvis, c.-v. 1 a	30
Philippe III, trag. en 5 a.	50
La Croix de Feu, mél. 3 a.	40
Plock le Pécheur, v. 1 a.	30
Léonce, c.-v. 3 a.	40
Les Trois Dimanches, c.-v. 3a.	40
L'Escroc du Grand Monde, 3 a.	40
Les Chiens du St-Bernard, 5 a.	50
La Figurante, op.-c. 5 a.	50
La Comtesse de Chamilly, 4 a.	40
La Reine des Blanchisseuses 2a	40
Le Sonneur de St-Paul, d. 5 a	50
Mademoiselle, c.-v, 2 a.	40
La Dame d'Honneur, o.-c. 1 a.	30
Maria Padilla, tragédie 5 a.	50
Paul Jones d. 5 a. A. Dumas.	50
Le Brasseur de Preston, o.-c 3a	40
Françoise de Rimini, tr. 3 a.	40
Lady Melvil, c.-v. 3 a.	40
Tronquette, c.-v. 1 a.	30
Le Discours de Rentrée, v. 1 a.	30
Pierre d'Arezzo, d. 3 a.	40
Les Coulisses, v. 2 a.	40
Les Parens de la Fille, c. 1 a.	30
La Levée de 300,000 hommes.	30
Rothomago, revue 1 a.	30
Le Marquis en Gage, c.-v. 1 a.	30
Le Puff, rev. en 3 tabl.	40
Claude Stocq, dr. 5 a.	50
Jeanne Hachette, dr. 5 a.	50
Lekain, v. 2 a.	40
Reine de France, v. 1 a.	30
Diane de Chivry, par Soulié.	50
Les trois Bals, v. 3 a.	40
Le Manoir de Montlouvier.	50
Dieu vous bénisse, v. 1 a.	30
Maurice, c.-v. 2 a.	40
Bathilde, dr. 3 a.	40
Pascal et Chambord, c.-v. 2 a.	40
Maria, c.-v. 2 a.	40
La Bergère d'Ivry, dr. 5 a.	50
Mlle de Belle-Isle, par Dumas.	50
Marie Rémond, dr.-v. 3 a.	40
Simplette, v. 1 a.	30
Le Dépositaire, c.-v. 2 a.	40
Le Plastron, v. 2 a.	40
L'Alchimiste, d. 5 a.	50
Naufrage de la Méduse, 5 a.	50
Balochard, c.-v. 3 a.	40
La Maîtresse et la Fiancée, 2 a	40
Les Mancini, c.-v. en 3 a.	40
Deux jeunes femmes, d. 5 a.	50
Marguerite d'Yorck, mél. 4 a.	40
Rigobert, mél. c. 4 a.	40
Gabrielle, c.-v. en 2 a.	40
La jeunesse de Gœthe, v. 1 a.	30
Émile, v. en 1 a.	30
Il faut que jeunesse se passe,	40
Un Vaudevilliste, 1 a.	30
Le Fils de la Folle, d. 5 a.	50
Le Marché de Saint-Pierre.	50
Les Belles femmes de Paris.	40
Amandine, c.-v. en 2 a.	40
Il était temps! v. 1 a.	30
L'article 960, v. 1 a.	30
L'Ange dans le monde c. 3 a.	40
L'Art de ne pas monter sa gar.	30
Christine, 5 a. par F. Soulié.	50
Les Chevaux du Carousel, 5 a.	50
Laurent de Médicis, tr. 3 a.	40
Les 3 Beaux-Frères, v. 1 a.	30
La Jacquerie, op. 4 a.	40
Revue et Corrigée, c.-v. 1 a.	30
Le Loup de Mer, d. 2 a.	40
L'Ombre d'un Amant, v. 1 a.	30
Christophe le Suédois, d. 5 a.	50
Le Proscrit, d. 5 a.	50
Les Travestissemens op.-c. 1 a.	30
Le Massacre des Innocens 5 a.	50
Thomas l'Égyptien, v. 1 a.	30
Clémence, c.-v. 2 a.	40
La belle Bourbonnaise, v. 2 a.	40
Le Château de Saint-Germain.	50
Les Bamboches de l'Année, r.	30
Commissaire extraordinaire.	30
Deux Couronnes, c. 1 a.	30
Les Enfans de troupe. c.-v. 2a.	40
L'Ouvrier, d. 5 a.	50
Tremb. de terre de la Martini.	50
La Famille du Fumiste, c. 2 a.	40
Les Intimes, 1. 1 a.	30
La Lionne, c.-v. 2 a.	40
La Madone, d. 4 a.	40
Jean le Pingre, v. 1 a.	30
Les Prussiens en Lorraine,	50
Roland Furieux, f.-v. 1 a.	30
Un Secret, d.-v. 3 a.	40
L'Abbye de Castro d. 5 a.	50
La nouvelle Geneviève, v. 2 a.	40
La Famille de Lusigny, d. 3 a.	40
Vautrin, d. 5 a.	50
L'Ouragan, d.-v. 2 a.	40
L'Habit Noisette, v. 1 a.	30
Aubray le Médecin, d. 3 a.	40
Les Honneurs et les Mœurs.	40
Les Diners à 32 sous, v. 1 a.	30
Aînée et Cadette, c.-v. 2 a.	40
Le Fils du Bravo, v. 1 a.	30
Bonaventure, c.-v. 3 a. et 4 t.	40
L'Éclat de Rire, d. 3 a.	40
Cocorico, v. 5 a.	40
Souvenirs de la Marq. de V***.	30
La Jolie Fille du faubourg.	40
Le Fin Mot, c.-v. 1 a.	30
Le Château de Verneuil, d. 5 a	50
Monsieur Daube, c.-v. 1 a.	30
La Maréchale d'Ancre, d. 5 a.	50
Les Pages et les Poissardes,	40
Bocquet Père et Fils, c.-v. 2a.	40
Le Mari de ma Fille, c.-v. 2 a	30
La Chouette et la Colombe.	40
Quitte ou Double, c.-v. 2 a.	40
L'Argent, la Gloire et les Femmes, v. 1 a. et 5 t.	50
Marguerite, dr. 3 a.	40
Paula, dr. 5 a.	50
Mon ami Cléobul, v. 1 a.	30
Édith, dr. 4 a.	50
Un Roman intime, c. 1 a.	30
Lazare le Pâtre, dr. 5 a.	50
L'École des Journalistes, c. 5 a.	50
Cicily, com.-vaud. 2 a.	40
Newgate, dr. 4 a.	50
L'Hospitalité, vaud. 1 a.	30
Le Père Marcel, c.-v. 2 a.	40
Le Guitarrero, op.-c. 3 a.	50
La Fête des Fous, dr. 5 a.	50
La Favorite, op. 4 a.	50
Le Neveu du Mercier, dr.-v. 3a.	50
Le Perruquier, dr. 5 a.	50
Zacharie, dr. 5 a.	50
Le Tyran de Café, c.-v. 1 a.	30
Tiridate, c.-v. 1 a.	40
La Bouquetière, dr.-v. 3 a.	40
Jacques Cœur, dr. 5 a.	50
L'École des Jeunes filles, d. 5 a.	50
La Protectrice, c. 1 a.	40
Manche à Manche, c.-v. 1 a.	40
Un Mariage sous Louis XV.	50
Fabio le Novice, dr. 5 a.	50
Une Vocation, com.-v. 2 a.	40
La Sœur de Jocrisse, v. 1 a.	40
Van-Bruck, com.-v. 2 a.	40
Le Marchand d'habits, dr. 5 a.	50
Mon ami Pierrot, c.-v. 1 a.	40
La Lescombat, dr. 5 a.	50
Zara, dr. 4 a.	50
Langeli, com-v. 1 a.	40
Murat, pièce en 3 a., 14 tab.	50
Trois œufs dans un panier, 1 a.	40
Mathieu Luc, dr. 5 . en vers.	50
Caliste, com.-vaud. en 1 a.	40
L'Aveugle et son Bâton, 1 a.	40
Paul et Virginie, dr. 5 a.	50
Les Enfants Blancs, dr. 5 a.	50
La Voisin, mél. 5 a.	50
Ivan de Russie, tragédie.	50
Le Dérivatif, vaudeville.	40
Un Bas bleu, vaudeville.	40
Les Filets de Saint-Cloud.	50
Lorenzino, par A. Dumas.	50
La Plaine de Grenelle, d. 5 a.	50
La Dot de Suzette, d. 5 a.	50
Amour et Amourette, v. 5 a.	50
Pâris le Bohémien, d. 5 a.	50
Les Brigands de la Loire, d.	50
Margot, v. 1 a.	40
Paris la nuit, d. 6 a. 8 t.	50
Emery le négociant, d. 3a.	50
La Salpêtrière, dr. 5 a.	50
Du Haut en Bas, c.-v. 2 a.	50
La Dot d'Auvergne, v. 1 a.	40
Claudine, dr. 3 a.	50
L'homme aux 3 culottes 3a. 4p.	50
Céline c.-v. 2 a.	40
L'Hôtel des 4 nations, c.-v.	40
Les Pilules du Diable, 3a. 20 t.	50
Les 2 Brigadiers, vaud. 2 a.	40
Le Roi d'Yvetot, op.-com. 3 a.	50
L'auberge de la Madone, d. 5. a.	50
Les Chanteurs ambulants, 3a.	50

GALERIE DES ARTISTES DRAMATIQUES,

Contenant 80 portraits en pied des principaux Artistes de Paris, dessinés d'après nature par ALEXANDRE LACAUCHIE, accompagnés d'autant de notices biographiques et littéraires.

PRIX DES DEUX VOLUMES BROCHÉS : 40 FR. — *Ouvrage entièrement terminé.*

TOME PREMIER.

	Acteurs.	Auteurs.
1re.	Mlle Rachel	J. Janin.
2e.	M. Perrot	E. Briffault.
3e.	M. Déburau	E. Briffault.
4e.	M. Mélingue	J. Bouchardy.
5e.	Mlle Fanny Elssler	E. Briffault.
6e.	Mlle Plessy	H. Rolle.
7e.	M. Duprez	E. Briffault.
8e.	Mme Mélingue (Théodorine).	J. Bouchardy.
9e.	M. Achard	E. Guinot.
10e.	Mlle Doze	E. Briffault.
11e.	M. Odry	J. T. Merle.
12e.	Mlle Fargueil	H. Lucas.
13e.	M. Francisque aîné	J. Bouchardy.
14e.	M. Lepeintre jeune	H. Rolle.
15e.	Mlle Taglioni	J. T. Merle.
16e.	Mlle Dupont	E. Arago.
17e.	M. Boutin	L. Couailhac.
18e.	M. Levasseur	G. Bénédit.
19e.	Mlle Flore	Du Mersan.
20e.	Mlle Georges	H. Lucas.
21e.	M. Joanny	H. Lucas.
22e.	M. Albert	L. Couailhac.
23e.	Mlle Jenny Vertpré	H. Lucas.
24e.	M. Monrose	J. T. Merle.
25e.	M. Bocage	M. Mallefille.
26e.	Mlle Pauline Leroux	E. Arago.
27e.	M. Firmin	H. Lucas.
28e.	M. Rubini	J. Chaudes-Aigues.
29e.	M. Saint-Ernest	J. Bouchardy.
30e.	Mlle Mars	E. Briffault.
31e.	Mlle Persiani	J. Chaudes-Aigues.
32e.	M. Menjaud	H. Lucas.
33e.	Mlle Prévost	L. Couailhac.
34e.	Mlle Eugénie Sauvage	J. T. Merle.
35e.	Mme Damoreau	C. Bénédit.
36e.	M. Lafont	J. T. Merle.
37e.	M. Bardou	H. Lucos.
38e.	Beauvallet	A. Arnould.
39e.	M. Alcide-Tousez	J. T. Merle.
40e.	Mme Volnys	H. Rolle.

TOME SECOND.

	Acteurs	Auteurs.
41e.	M. Ferville	J. T. Merle.
42e.	M. Volnys	H. Rolle.
43e.	Mme Guillemin	M. Aycard.
44e.	Mme Gauthier	A. Arnould.
45e.	M. Lablache	Couailhac.
46e.	M. Arnal	Eugène Briffaut.
47e.	Mlle Giulia Grisi	Couailhac.
48e.	M. Tamburini	Chaudes-Aigues.
49e.	Mlle Clarisse	E. Lemoine.
50e.	M. Klein	Marie Aycard.
51e.	M. Chilly	A. Arnould.
52e.	Mme Stolz	H. Lucas.
53e.	M. Moëssard	A. Arnould.
54e.	Mme Anna Thillon	H. Rolle.
55e.	M. Brunet	Du Mersan.
56e.	Mme Albert	H. Lucas.
57e.	M. Provost	E. Arago.
58e.	Mlle Brohan	J. T. Merle.
59e.	M. Chollet	Couailhac.
60e.	M. Roger	Couailhac.
61e.	Mlle Anaïs	J. T. Merle.
62e.	M. Vernet	H. Rolle.
63e.	Mlle Carlotta Grisi	Th. Gauthier.
64e.	Mme Desmousseaux	Couailhac.
65e.	M. Mario	P. A. Fiorentino.
66e.	Mme Dorval	H. Rolle.
67e.	Mme Dorus Gras	E. Arago.
68e.	M. Regnier	Aug. Arnould.
69e.	Mlle Mante	E. Arago.
70e.	Mlle Julienne	H. Rolle.
71e.	M. Lepeintre aîné	E. Arago.
72e.	Mlle Déjazet	E. Guinot.
73e.	M. Numa	H. Rolle.
74e.	M. Samson	A. Arnould.
75e.	M. Sainville	L. Couailhac.
76e.	M. Ligier	H. Rolle.
77e.	Mme Jenny Colon Leplus	E. Arago.
78e.	M. Raucourt	Bouchardy.
79e.	M. Bouffé	E. Briffault.
80e.	M. Frédéric Lemaître	Adolphe Dumas.

AVIS ESSENTIEL. — Nous prévenons les personnes qui n'ont pas toutes les livraisons de la GALERIE DES ARTISTES qu'elles ne pourront les compléter que jusqu'au 1er septembre 1842. Nous avons fait tirer un très-petit nombre d'exemplaires avant la lettre (épreuves de choix). Prix des deux volumes, quatre-vingts portraits et notices, 60 fr. — On peut les retenir à l'avance au Magasin Théâtral seulement.

OEUVRES DRAMATIQUES DE SCHILLER,

TRADUCTION DE M. DE BARANTE, Pair de France, Membre de l'Académie française.

PRÉCÉDÉES D'UNE NOTICE BIOGRAPHIQUE ET LITTÉRAIRE SUR SCHILLER.

Un superbe volume in-8o à deux colonnes, illustrée de 24 vignettes sur acier, gravées exprès pour cette publication.

PRIX DU VOLUME : 12 FRANCS.

PETIT THÉATRE DES COLLÉGES, par FERRUS, avocat. Un vol. in-8o, contenant 3 pièces. Prix : 1 fr.

www.ingramcontent.com/pod-product-compliance
Ingram Content Group UK Ltd.
Pitfield, Milton Keynes, MK11 3LW, UK
UKHW020440220726
13923UKWH00005B/2240

9 782329 063409